Gregor Gysi (Hg.)
Wir brauchen einen dritten Weg

Gregor Gysi (Hg.)

Wir brauchen einen dritten Weg

Selbstverständnis und Programm der PDS

Mit Beiträgen von

Hans Modrow
Klaus Höpcke
Helga Adler
Michael Brie
Dieter Klein
Klaus Steinitz
Marlies Deneke
Helmar Hegewald
André Brie
Jochen Willerding
Rainer Börner
Alexandra Wagner

Konkret Literatur Verlag

Redaktion: André Brie

Umschlaggestaltung: Cordula Reiser
Umschlagfoto: STERN/Meffert
Druck: Fuldaer Verlagsanstalt, Fulda
ISBN 3-922144-95-0

Inhalt

Vorwort

Dieses Buch ist von Mitgliedern einer Partei geschrieben worden, die sich im Dezember 1989 von der SED zu lösen begann. Dieser Prozeß ist nicht abgeschlossen; schwierig und widerspruchsvoll ist er allemal. Nach dem von der Parteibasis erzwungenen Sturz des alten Politbüros unter Egon Krenz folgte die wechselvolle Entwicklung der Partei des Demokratischen Sozialismus über den außerordentlichen Parteitag in den bewegten Tagen am Ende des Jahres 1989, den Austritt des stellvertretenden Parteivorsitzenden Berghofer und die anschließende Auflösungsdiskussion im Januar 1990, den ersten Parteitag der PDS mit der Annahme von Programm, Statut, Wahlprogramm und der von den Delegierten und der Parteibasis bejubelten Bereitschaft Hans Modrows, für die PDS zu den Volkskammerwahlen zu kandidieren. Wahlkämpfe und positive Wahlergebnisse am 18. März und 6. Mai und dann immer stärker das schmerzvolle Ringen um ein neues Selbstverständnis und Selbstvertrauen prägten die Auseinandersetzungen und Veränderungen in der Partei in den folgenden Monaten.

Nichts davon ist am Ende: nicht die Aufarbeitung der SED-Vergangenheit, nicht die Diskussionen um moderne Sozialismusvorstellungen und realistische Kapitalismuskritik, das Verhältnis von Parlamentarismus und außerparlamentarischem Kampf, nicht die Bemühungen, Demokratisierung und Pluralität innerhalb der Partei dauerhaft und lebendig zu verankern, ihre Diskussion, Programmatik und Politik von unten zu entwickeln. Vieles davon wird nur auf dem Weg langwieriger Veränderungen verwirklicht werden können.

Doch die Zeit drängt. Lange bevor sie an neuen Ufern angelangt sein kann, muß sich die PDS nun an gesamtdeutschen Wahlen beteiligen, versuchen, in einem auf anachronistische nationalstaatliche Weise vereinigten kapitalistischen Deutschland sozialistische Politik zur Geltung zu bringen, sowie ihr

Verhältnis zu anderen systemkritischen und linken Parteien, Organisationen und Bewegungen definieren und gestalten. Erste Ergebnisse, Erfahrungen und politische Ziele werden hier zur Diskussion gestellt. Sie sind nicht homogen, in der PDS selbst nicht unumstritten und Bestandteil anhaltender Meinungsbildung.

Die PDS ist auf dem Weg nach Deutschland, aber anders als die christ-, liberal- und sozialdemokratischen Parteien der Regierungskoalitionen in Bonn und Berlin verficht sie ihn als einen Weg konsequenter Europäisierung und Entmilitarisierung Deutschlands, als einen dritten Weg jenseits bisheriger realsozialistischer und realkapitalistischer Gesellschaftsentwicklungen, die die Menschheit und die Individualitätsentwicklung in eine existentielle zivilisatorische Krise geführt haben. Das Ende des Realsozialismus ist in dieser Hinsicht nur der Vorbote des Scheiterns bisheriger Fortschrittslogik, Produktions- und Lebensweisen in den »entwickelten« Ländern überhaupt. Mag der Begriff des dritten Weges ideengeschichtlich auch anders belegt und daher auch mißverständlich sein — er stand am Beginn des Aufbruchs kritischer Mitglieder der SED schon vor der »Wende« und verbindet die entschiedene theoretische und praktische Kritik am Realsozialismus mit ebensolcher am Realkapitalismus. Es ist der unbekannte und unversuchte Weg zu einem demokratischen Sozialismus.

Berlin, im Juli 1990 Gregor Gysi

Gregor Gysi

Was will die PDS in Deutschland?

1. Der sogenannte real existierende Sozialismus wird als System über kurz oder lang weltweit scheitern. In der Mehrheit der betreffenden Länder vollzieht sich die Rekapitalisierung. In einigen Ländern wird der Übergang zum demokratischen Sozialismus versucht. Gelänge dies insbesondere in der UdSSR oder zumindest in der Russischen Föderativen Republik, so könnte der Sozialismus als reale Alternative zum Kapitalismus gestaltet werden. Aber selbst wenn dies nicht der Fall sein sollte, bliebe die Idee des Sozialismus am Leben, weil viele Menschen über Alternativen zu den sie umgebenden gesellschaftlichen Verhältnissen nachdenken.

Sozialismus – darunter verstehen wir eine Gesellschaft, in der die Entfaltung, Freiheit und Würde des einzelnen Voraussetzung für die Entfaltung, Freiheit und Würde aller ist. Diese Vision ist durch die gleichnamige, aber entgegengesetzte Praxis des Realsozialismus diskreditiert, sie wird aber als Idee ebenso unsterblich sein wie das Christentum, dessen Vision – gleichermaßen unerreicht – in den Jahrhunderten tausendfach von sich Christen nennenden Menschen beschmutzt wurde. Die Kirche, die dem Christentum verpflichtet ist, hat sich nicht aufgelöst, weder nach Hexenverbrennungen oder Inquisition noch nach größtem Versagen wie während des Nationalsozialismus. Der Grund dafür lag bestimmt nicht in Eigentumsfragen, sondern darin, daß viele Menschen diese Institution zur Orientierung und Hilfe in ihrem Leben brauchten und in den christlichen Idealen einen Lebenshalt fanden.

Das sozialistische Ideal, das heißt der Traum von einer sozial gerechten, solidarischen, friedlichen, humanen, ökologischen und demokratischen Gesellschaft ohne Krieg, Hunger und

Elend, in der jeder Mensch seine Fähigkeiten entwickeln kann und reale Chancen zur Bedürfnisbefriedigung besitzt, ist ebenfalls unsterblich. Die sozialistischen Parteien als Träger solcher Ideale dürfen sich nicht auflösen, sondern sind verpflichtet, diese Ideen weiter zu entwickeln, Wege zur Verwirklichung dieser Ziele unter den grundsätzlich neuen Bedingungen der Gegenwart zu erarbeiten, theoretische und praktische politische Arbeit zu ihrer Durchsetzung zu leisten.

Eine Partei löst sich auch nicht auf Wunsch einer Leitung oder einzelner Persönlichkeiten auf, die Mitglieder allein entscheiden darüber. 350 000 Mitglieder der PDS wollen diese Partei, 1,9 Millionen Wählerinnen und Wähler erwarten etwas von dieser Partei. Wer eigentlich will sich anmaßen, all jenen die Auflösung der PDS vorzuschreiben?

2. Die PDS ist aus der SED hervorgegangen und diese aus KPD und SPD im Osten Deutschlands. Die Geschichte der zuletzt genannten Parteien ist ebenso eine Geschichte von Heldentaten wie von historischen Fehlleistungen. Ihre Mitglieder gingen in diese Parteien, weil sie soziale Gerechtigkeit erkämpfen wollten. Wer sich wirklich zur Geschichte der SED bekennt, muß die *ganze* wechselvolle Geschichte von KPD und SPD und der noch breiteren Arbeiterbewegung sowie deren historisches Umfeld, das oft genug von erbitterten Repressionen gegen die Arbeiterparteien gekennzeichnet war, berücksichtigen. Die 350 000 Mitglieder der PDS waren überwiegend früher Mitglieder der SED. Sie bekennen sich mithin zur eigenen Geschichte, wenngleich es vielen noch schwerfällt, die eigene subjektive Ehrlichkeit ins Verhältnis zum objektiven geschichtlichen Versagen der eigenen Partei zu setzen. Diese Geschichte muß in all ihrer Differenziertheit noch geschrieben werden. Dennoch ist unbestreitbar, daß die Gründung der SED mit vielen Hoffnungen verbunden war. Der Traum vom Sozialismus auf deutschem Boden sollte Wirklichkeit werden. Und tatsächlich wurde ein nichtkapitalistischer Weg beschritten.

Aber der Traum vom Sozialismus wurde nicht verwirklicht.

Der Weg war, vor allem seit 1948, gekennzeichnet durch Inkonsequenz, Verletzungen von Menschenrechten und undemokratische Verhältnisse. Der Sozialismus kam über vage Anfänge nicht hinaus. Der Widerspruch zwischen Verheißung und Realität wurde immer größer, viele Mitglieder der SED wurden insbesondere durch die Führung um ihr Ideal betrogen. Die SED wurde im Laufe der Zeit zu einer Alleinherrschafts- und Staatspartei. In ihr wurden nicht nur die sozialdemokratischen Ziele unterdrückt, sondern auch das kommunistische Ideal »vergessen«. Doch die Wurzeln des Scheiterns liegen tiefer, in einem grundsätzlich falschen Sozialismusmodell, das die beiden großen Konzeptionen – des Sozialismus und der Demokratie – voneinander trennte. Niemand ist unbeteiligt, und dennoch haben die heutigen Mitglieder der PDS ein Recht auf *ihre* und nicht irgendeine Partei.

Die Zahl der Mitglieder (1989 2,3 Millionen) läßt sich nicht allein daraus erklären, daß die Mitgliedschaft in dieser Partei für bestimmte Karrieren erforderlich war. Viele gehörten ihr ohne derartige Notwendigkeit an: einfache Arbeiterinnen und Arbeiter, Bäuerinnen und Bauern, Künstler und andere. Und viele machten auch ohne Mitgliedschaft in dieser Partei Karriere. Aber weshalb blieben viele, die die Fehlentwicklungen sahen, bis zum Herbst 1989 in der Partei? War es nur Ausdruck von Feigheit? Viele Kritiker ließen es eher auf einen Ausschluß aus dieser Partei ankommen, als daß sie sie freiwillig verließen. Nicht wenige kämpften sogar gegen einen Ausschluß. Warum blieb ein Mann wie Walter Janka in der Partei, obwohl er durch das Regime mehrere Jahre völlig unschuldig eingekerkert war? Für den Außenstehenden vielleicht unverständlich, gab es eine Grundakzeptanz. Die DDR galt für viele Mitglieder der SED immer als das bessere Deutschland. Und diese DDR war untrennbar mit der SED verbunden.

Viele schätzten die DDR aufrichtig für ihr antifaschistisches Selbstverständnis, weil das Privateigentum an Produktionsmitteln im wesentlichen abgeschafft war, es keine ökonomische

Ausbeutung zugunsten von privaten Eigentümern gab, aktive Friedens- und Abrüstungspolitik betrieben wurde (leider ergänzt durch ein militantes Erziehungssystem), die sozialen Unterschiede wesentlich geringer als im Westen waren, Schritt für Schritt soziale Leistungen ausgebaut wurden, Arbeitslosigkeit praktisch nicht existierte, das finanzielle Bildungs-, Kultur- und Sportprivileg der Wohlhabenden gebrochen war. Vergessen wir nicht, selbst ein so scharfer Kritiker der Verhältnisse in der DDR wie Robert Havemann erklärte, im besseren Deutschland zu leben.

Viele Mitglieder der SED gingen zudem davon aus, daß die Deformationen des Sozialismus – zumindest in bestimmten Zeiten – durch den Westen verursacht worden waren. Sie hielten sie unter besseren Voraussetzungen für überwindbar. In den 50er Jahren führte zum Beispiel der kalte Krieg, die politischen und ökonomischen Angriffe aus dem Westen gegen die DDR, zu einer gewissen Akzeptanz der Sicherheitssysteme. Die langjährige Nichtanerkennung der DDR führte auch zu Verständnis für übertriebene staatliche Symbolik, für die einseitige Förderung von Leistungssport usw. Solidarität mit den Kolonien, mit Vietnam gegen die USA, mit dem ANC, mit Allende, mit Angela Davis trug zu einer moralischen Legitimation der DDR bei. Der gesamte Kampf des Westens gegen die DDR führte zu einer Solidarität, aus der man sich nicht ausschließen wollte, und er schien zumindest zum Teil zu erklären, weshalb der real existierende Sozialismus anders war, als von vielen gewünscht. Und stets standen auch Fragen des sicherheitspolitischen Gleichgewichts, das niemand gefährden wollte, und des Bündnisses, ja der Freundschaft mit der Sowjetunion dahinter.

Ab 1985 entstand durch Gorbatschow die Erwartung, daß sich nun endlich etwas ändern werde, daß dies möglich und notwendig sei. Eine Frage der Zeit nach Meinung vieler kritischer SED-Mitglieder. Unruhe und Unzufriedenheit in der Partei wuchsen und damit die Hoffnung, mit und in dieser Partei demokratische Reformen verwirklichen zu können. Es war nach der Auffassung vieler doch nicht nur Honeckers Partei, sondern auch ihre.

3. Das alles erklärt jedoch nicht die Ursachen des Scheiterns des sogenannten real existierenden Sozialismus. Hierfür gibt es sowohl ökonomische als auch politische Gründe. Im Marxismus-Leninismus, zudem zum Dogma erstarrt, liegen allerdings schon theoretische Gründe für die Fehlentwicklung.

a) Die Vergesellschaftung des Eigentums an Produktionsmitteln ist nie vollzogen worden. Praktisch wurde nur Staatseigentum (oder in Jugoslawien Belegschaftseigentum) geschaffen. Das führte zu einem offensichtlichen Mangel an Innovation und Effektivität. Das zentralistische Staats- und Planungssystem trug zu einer permanenten Mangelwirtschaft bei, zu Unfähigkeit, auf reale Bedürfnisse und Interessen und deren Dynamik zu reagieren. Eigentümerbewußtsein der Produzenten und Stimulanz zu hoher Effektivität verkümmerten. Ökologische Probleme wurden stark vernachlässigt, um ökonomische Ziele zu verwirklichen.

b) Der zentralistische Staat entsprach der zentralistisch organisierten Partei, deren Führungsgremium selbstherrlich alle wesentlichen Entscheidungen traf. Es gab weder in der Partei noch im Staat wirksame Korrektive. So konnte dieser »demokratische Zentralismus«, dem in der Praxis jedes demokratische Element fehlte, weder für eine effektive Wirtschaft noch für eine demokratische Entfaltung des einzelnen sorgen.

Marx hat den Kapitalismus ausgezeichnet analysiert. Seine dialektisch-materialistische Methode ist für uns unentbehrlich, wenngleich Marx die dem Kapitalismus innewohnende Reformierbarkeit nicht erkennen konnte. Der Sozialismus war bei ihm eine Vision für die vom Kapitalismus befreite Gesellschaft. Eine Theorie des Sozialismus hat Marx nie entwickelt.

Lenin war ein genialer Kritiker des Imperialismus, wenngleich auch seine Vorstellungen vom faulenden und sterbenden Imperialismus sich als unrichtig erwiesen. Er hat, wie sich heute zeigt, eine mögliche Entwicklungsvariante dieser Gesellschaft verabsolutiert. Sicherlich muß man zwischen dem jungen Lenin, dem späteren Lenin und dem Lenin der NÖP-Periode differenzieren. Aber seine in konkreter historischer Situation entstandenen Auffassungen zum Sozialismus können nicht allgemeingültige Grundlage für die Theorie vom demokratischen Sozialismus sein.

Der sogenannte Marxismus-Leninismus hat sich als geistiges Fundament für den Sozialismus nicht bewährt. Sein Dogmensystem ließ keine Denkvarianten zu, so daß linkes theoretisches Denken verarmte und zur apologetischen Propaganda degenerierte. Wir versuchen, die Gesamtheit der theoretischen Erkenntnisse und politischen Erfahrungen der deutschen und internationalen Arbeiterbewegung zu nutzen, dabei ist uns die Marxsche materialistische Dialektik wichtigster Ausgangspunkt.

Aus den Gründen für das Scheitern des sogenannten real existierenden Sozialismus ergeben sich wichtige Erfahrungen für die theoretische Arbeit am Bild des demokratischen Sozialismus.

4. Bevor über die Struktur und Notwendigkeit des demokratischen Sozialismus gesprochen wird, ist zunächst zu fragen, ob nicht der Kapitalismus in der Lage ist, die Aufgaben der Zukunft der Menschheit zu lösen. Unsere Antwort ist ein klares Nein. Ausgangspunkt dafür sind jedoch nicht moralische Wertungen, entscheidend ist, zu welchen Leistungen der Kapitalismus fähig ist und zu welchen nicht. Die kapitalistischen Gesellschaftsstrukturen haben sich in den vergangenen Jahrzehnten als reformfähig erwiesen. In den führenden westlichen Industriestaaten sind auch bestimmte soziale und demokratische Veränderungen erreicht worden. Dennoch liegen gerade in diesen Strukturen entscheidende Ursachen für die Verschärfung der Menschheitsprobleme. Das betrifft nicht nur die Gefahr von Kriegen, die wegen der Hochrüstung als Ausdruck ungehemmten Profitstrebens immer noch möglich sind, auch die Ökologie gerät bei allen Fortschritten im Westen immer wieder in Konflikt mit der Ökonomie.

Kapitalismus kann nur bei sozialer Ungerechtigkeit existieren. Sicherlich sind die »Armen« in den kapitalistischen Industriestaaten heute weniger arm als noch vor Jahren oder Jahrzehnten. Aber der Abstand zwischen ihnen und den »Reichen« in der Industriegesellschaft ist beständig größer geworden. Jedes Wachstum in kapitalistischen Industriestaaten wird diesen Unterschied und damit die soziale Ungleichheit vergrößern. Noch schlimmer ist jedoch, daß der »Reichtum« der Industriestaaten zu einem beachtlichen Teil auf Kosten der dritten Welt erzeugt wird. Auch hier gibt es keinesfalls eine Tendenz der Angleichung, im Gegenteil: Die Unterschiede zwischen der dritten Welt und den Industriestaaten werden immer größer.

Auch die Gleichstellung der Geschlechter ist im Kapitalismus nicht denkbar. Die Herausstellung der Karrierefrauen soll verdecken, daß das alte patriarchalische System nach wie vor funktioniert. Für Hochkonjunkturzeiten werden Frauen als billige Arbeitskräfte angeworben. Ansonsten betreuen sie mehrheitlich die Kinder.

5. Innerhalb kapitalistischer Strukturen lassen sich nicht Interessen der Herrschenden entwickeln, die jene Ungleichheiten ausschließen würden. Der demokratische Sozialismus ist für uns der Weg zu neuen gesellschaftlichen Strukturen, die eine Realisierung der Menschheitsinteressen ermöglichen. Wichtige Grundlage bilden sowohl die Erfahrungen mit dem sogenannten real existierenden Sozialismus als auch mit dem real existierenden Kapitalismus. Die Konzentration auf eine Eigentumsform, ob nun Staatseigentum oder Privateigentum, führt stets zur Herausbildung einseitiger herrschender Interessen, die den Menschheitsinteressen widersprechen. Zumindest für eine längere Übergangsphase ist es deshalb unserer Meinung nach erforderlich, in gesicherten Proportionen – dies kann nur durch staatliche Rahmenbedingungen gelingen – verschiedene Eigentumsformen gleichberechtigt nebeneinander existieren zu lassen. Jedes Eigentum erzeugt andere Interessen, so daß über gesicherte Proportionen auch ein Interessenausgleich hergestellt werden kann. Es gibt Bereiche, in denen

Privateigentum sinnvoll ist, und andere, hier seien vor allem die Großbanken genannt, wo Staatseigentum in einer öffentlich-rechtlichen Form die günstigere Ausgangsposition ist. Darüber hinaus muß es aber auch genossenschaftliches Eigentum, wirkliches Gemeineigentum geben. Damit ist nicht ausschließlich an Belegschaftseigentum gedacht. Beispiele in Jugoslawien zeigen, daß dadurch einseitiger Betriebsegoismus entstehen kann. Unter wirklichem Gemeineigentum verstehen wir gemeinsames Eigentum der Belegschaften und der Kommunen. Die Belegschaften sind zuerst an Arbeit und Einkommen interessiert, die Kommunen wiederum z. B. an Steuereinnahmen, ökologisch orientierter Stadtentwicklung o. ä. Ohne stabile Betriebe keine Steuern und damit kein Geld für die Kommune. Diese Verflechtung der Interessen macht Vergesellschaftung des Eigentums im Sinne von Herstellung der Möglichkeit gesellschaftlicher, demokratischer Planung erlebbar.

Während genossenschaftliches Eigentum Interessen erzeugt, die stärker auf die Befriedigung individueller Konsumwünsche durch Verteilung der Gewinne gerichtet sind, steht beim Privateigentum das Investitionsinteresse, um den Gewinn zu erhöhen, im Vordergrund – in der Regel zu Lasten der Einkommen der Belegschaften. Existieren beide Eigentumsformen gleichberechtigt nebeneinander, kann es auch insoweit einen Interessenausgleich geben.

Ob sich letztlich herausstellen wird, daß das Gemeineigentum die im Interesse der Menschheit liegende günstigste Eigentumsform ist, kann dahingestellt bleiben. Zunächst kommt es nur darauf an, in diesem Sinne eine Veränderung der ökonomischen Strukturen herbeizuführen, um eine Veränderung der herrschenden Interessen zu erzeugen, die zu einem neuen Interessenausgleich führen kann.

Politisch bedeutet demokratischer Sozialismus ein Höchstmaß an Demokratie, an Rechtsstaatlichkeit, an Humanismus, an ökologischen Zielen, an sozialer Gerechtigkeit im Innern und im Verhältnis zur dritten Welt sowie die Gleichstellung der Geschlechter. Damit hängen drei wesentliche Fragen zusammen.

Im Unterschied zum Leninismus geht die PDS nicht davon aus, daß die führende Rolle einer marxistisch-leninistischen Partei Voraussetzung für den Aufbau und die Gestaltung des demokratischen Sozialismus ist. Politischer Pluralismus ist zwingend erforderlich. Anderenfalls würde es wiederum die unerläßlichen demokratischen Korrektive innerhalb und außerhalb der Partei nicht geben. Eine linke sozialistische Partei muß sich darum bemühen, die Zustimmung zu ihrer Politik durch eine Mehrheit der Bevölkerung zu erreichen. Verliert sie diese Zustimmung und wird sie deshalb abgewählt, so ist eine solche Entscheidung der Mehrheit der Bevölkerung zu respektieren, auch wenn dadurch Rückschläge bei der Gestaltung des demokratischen Sozialismus in Kauf genommen werden müssen. Es ist inhuman und unzulässig, gesellschaftliche Strukturen gegen den Willen der Mehrheit einer Bevölkerung durchzusetzen.

Darüber hinaus ist der politische Pluralismus in den heutigen so unerhört komplexen Gesellschaften eine entscheidende Bedingung, um im Wettbewerb sozialistischer, sozialdemokratischer, liberaler, konservativer oder radikalökologischer Vorstellungen Antworten auf die neuen gesellschaftlichen und globalen Herausforderungen zu finden, die sich auch aus der gegenseitigen Bereicherung der unterschiedlichen Konzepte entwickeln können. Die Achtung der Rechte politischer Minderheiten liegt unter diesen Umständen auch im Interesse der Mehrheiten.

Die zweite Frage bezieht sich auf die Rolle des Nationalstaates. Wenn es wahr ist, daß die Menschheitsfragen immer stärker in den Vordergrund treten, weil andernfalls die Menschheit aufhören könnte zu existieren, müssen die bisherigen Nationalstaaten immer mehr an Bedeutung verlieren. Globale Probleme sind auch nur global lösbar. In Übereinstimmung mit dieser Notwendigkeit steht das Bestreben nach einer politischen Union Europas. Es ist letztlich darauf gerichtet, die

Nationalstaatlichkeit zu überwinden und traditionelle Souveränitätsrechte der Staaten an gesamteuropäische Institutionen abzutreten. Seitdem die EG existiert, wird, wenn auch unter großen Schwierigkeiten, Schritt für Schritt die Souveränität einzelner Staaten abgebaut. Unter kapitalistischen Bedingungen vollzieht sich dieser Einigungsprozeß allerdings undemokratisch und in erster Linie als Kampf um Absatzmärkte und als Kampf um wirtschaftliche Dominanz. Gegenwärtig ist das deutsche Kapital dabei, die führende Rolle in Europa zu übernehmen. Wir halten das für gefährlich, das ändert jedoch nichts an der Notwendigkeit des Abbaus von Nationalstaatlichkeit.

Das Bekenntnis zum demokratischen Sozialismus verlangt eine entscheidende Orientierung auf einen neuen Internationalismus. Dabei kann es für demokratische Sozialisten niemals um die Frage einer Dominanz oder Vorherrschaft einer nationalen Gruppe über eine andere gehen. Demokratische Sozialisten werden immer eine gleichberechtigte Zusammenarbeit von Völkern und Nationen anstreben. Die Schaffung einer gerechten Weltwirtschaftsordnung ist für sie eine ethische Frage, zugleich aber auch Ausdruck einer notwendigen Entwicklung im Interesse der ganzen Menschheit.

Letztlich steht hinter diesen Problemen die Frage nach dem Verhältnis von Individuum und Kollektiv. Der einzelne mit seinen Rechten und Freiheiten spielt für uns eine wesentlich größere Rolle, als dies in Theorie und Praxis des sogenannten real existierenden Sozialismus der Fall war. Allerdings ist für uns auch der einzelne sozial verpflichtet.

6. Intensiv diskutieren wir das Problem, auf welchen Wegen der demokratische Sozialismus zu erreichen ist. Es geht vor allem um das Verhältnis zwischen Reformen und Revolutionen. In einer hochgerüsteten Welt können Revolutionen herkömmlicher Art leicht zum Ausgangspunkt für Kriege und damit zur Vernichtung der Menschheit werden. Demokratische Sozialisten werden deshalb stets um solche demokratischen Strukturen ringen, die gesellschaftsverändernde Refor-

men, auch solche mit revolutionärem Anspruch, ermöglichen. Der demokratische Sozialismus ist auf friedlichem Weg zu erreichen. Um diesen friedlichen Weg müssen demokratische Sozialisten kämpfen, indem ein Evolutionstyp des Menschheitsfortschritts durchgesetzt wird, der neue Prioritäten setzt: verbunden mit einer konsequenten Demokratisierung aller Sphären der Gesellschaft, insbesondere der Arbeitswelt, geht es darum, den privatkapitalistischen Charakter des Eigentums einzuschränken und vor allem die monopolistische Verfügung über das Eigentum an Produktionsmitteln zu überwinden.

7. Die Existenz der bzw. einer Partei des demokratischen Sozialismus im geeinten Deutschland ist notwendig. Die Mitglieder der PDS bringen wichtige – auch negative – Erfahrungen aus der 40jährigen Existenz der DDR mit. Im Unterschied zu anderen Parteien wird die PDS nicht mit größeren Parteien der BRD fusionieren. Es ist deshalb gesichert, daß diese Erfahrungen erhalten bleiben. Sie werden sicherlich durch Linke in der Bundesrepublik, die mit der PDS zusammengehen wollen, wesentlich ergänzt.

Die PDS will und kann nicht die linke Kraft in einem geeinten Deutschland sein. Sie will und kann sich aber in das linke Spektrum eines geeinten Deutschland mit ihren spezifischen Erfahrungen einordnen.

Nicht wenige Mitglieder der PDS haben an der demokratischen Erhebung im Herbst 1989 in der DDR teilgenommen. Diese Erfahrungen sind für ein geeintes Deutschland wichtig. Fast 2 Millionen Mitglieder der SED sind nicht mehr Mitglieder der PDS. Die PDS verfügt deshalb über eine neue Mitgliederstruktur. Im wesentlichen sind diejenigen in der PDS geblieben, die die Enttäuschung über die Politik der Führung der SED überwinden konnten, sich ihr sozialistisches Ideal bewahrten und nicht bereit waren, ihre politische Heimat nur deshalb aufzugeben, weil es schwierig und wenig lukrativ ist, Mitglied der PDS zu sein. Die Mitglieder der PDS haben damit begonnen zu beweisen, daß sie konfliktfähig und bereit sind, moralische, psychologische Belastungen und sogar soziale

Nachteile auf sich zu nehmen, um ihre politischen Ziele zu verwirklichen. Solche Erfahrungen haben Linke in der Bundesrepublik selbstverständlich längst gemacht.

Das geeinte Deutschland läuft Gefahr, rechtslastig zu werden und zum Abbau von demokratischen und sozialen Rechten zu tendieren. Das hängt unter anderem auch damit zusammen, daß das Korrektiv »DDR« nicht mehr existiert, für das Kapital besteht kein Grund mehr, demokratischer und sozialer als die DDR oder andere Ostblockstaaten zu sein. Deshalb ist eine möglichst starke linke sozialistische Partei wichtig, die fähig ist, parlamentarisch und außerparlamentarisch wirksam gegen solche Tendenzen zu kämpfen. Eine grundlegende Kritik am kapitalistischen System ist also nötiger denn je, deshalb braucht es eine konsequent sozialistische Partei, die das Ziel des demokratischen Sozialismus und die Wege dorthin als überzeugende Alternative politikfähig macht. Dafür ist umfangreiche politische »Kleinarbeit« erforderlich. Das setzt eine moderne Partei voraus, die sich zugleich als Bewegung versteht.

Für die Politik der PDS werden die Interessen der sozial Schwachen eine große Rolle spielen. Doch für die Lösung der globalen Probleme wird es nicht ausreichen, sich allein darauf zu konzentrieren, auch die sogenannten Leistungsträger müssen angesprochen und gewonnen werden. Klassen und Schichten spielen in der kapitalistischen Gesellschaft nach wie vor eine große Rolle. Die Lösung der globalen Menschheitsprobleme erfordert aber ein klassenübergreifendes Herangehen, das nicht aus dem Verständnis einer Klasse heraus entwickelt werden kann. Nach unserem Verständnis wird sich eine Partei des demokratischen Sozialismus zwar vornehmlich an sozial Schwache, an ArbeiterInnen, an LandwirtInnen, an Vertreter der pädagogischen, wissenschaftlichen, technischen und insbesondere auch der künstlerischen Intelligenz wenden, zugleich aber auch Interessen von Angestellten, BeamtInnen, HandwerkerInnen, Gewerbetreibenden und UnternehmerInnen kleinerer und mittlerer Betriebe berücksichtigen. Es kann auch keine einseitige Orientierung auf Atheisten geben. Gläubige sämtlicher Religionen möchten wir mit unserer Politik ansprechen.

8. Die Notwendigkeit einer PDS muß auch anhand der Politikangebote vorhandener Parteien geprüft werden. Sicherlich bedarf es keiner besonderen Erklärung, worin sich die Programmatik der PDS von den Politikvorstellungen der CDU, der CSU, der FDP und des künstlichen Gebildes DSU unterscheidet. Von besonderem Interesse sind lediglich die Unterschiede zu SPD und Grünen.

Wenn ich auf diese Unterschiede eingehe, so ist dies keine Bewertung der politischen Anschauung einzelner Mitglieder der SPD bzw. der Grünen. Es geht vielmehr um die offizielle und öffentliche Politik beider Parteien. Bei der SPD ist seit Jahren festzustellen, daß sie ihren »Frieden« mit dem Kapital gemacht hat. Sie leistet keine konsequente Kapitalismuskritik und hat mehrfach ihr grundsätzliches Einverständnis mit dem ökonomischen und politischen System der kapitalistischen Gesellschaft zum Ausdruck gebracht. Das alles soll die Leistungen der SPD bei der Demokratisierung der kapitalistischen Verhältnisse und der Durchsetzung sozialer Interessen nicht schmälern. Es zeigt sich aber, daß die SPD keinen Sozialismus anstrebt. Gerade in den letzten Jahren hat sie eine Politik gemacht, die sich nur noch punktuell von der der CDU/CSU und der FDP unterschied. Die Zeiten größerer Auseinandersetzungen scheinen vorüber zu sein.

Nach der demokratischen Erhebung in der DDR versuchte auch die SPD, vor allem die nationale Frage zu besetzen. Darin wird sie allerdings immer schwächer sein als die Rechten. In diese Entwicklung paßt, daß die SPD letztlich dem Staatsvertrag mehrheitlich zustimmte. Ein trauriges Beispiel der sozialen Inkonsequenz der SPD zeigte sich in der Volkskammer, als über einen Änderungsantrag zum Arbeitsgesetzbuch abgestimmt wurde. Es ging darum, Kündigungen von Arbeitnehmerinnen und Arbeitnehmern während Krankheit, Berufskrankheit, Kur, Erholungsurlaub und Quarantäne zu untersagen. Die Mehrheit der Abgeordneten der SPD versagte diesem Antrag die Zustimmung, so daß er scheiterte.

Auch das macht deutlich, wie nötig eine linke sozialistische Partei im geeinten Deutschland ist. Sie würde sehr viel konsequenter für Reformen des kapitalistischen Systems eintreten und soziale und andere Interessen der Werktätigen vertreten. Der entscheidende Unterschied liegt aber in der Zielsetzung und im Verständnis des demokratischen Sozialismus, in der über den Kapitalismus hinausweisenden Programmatik und Politik der PDS. Diese Feststellungen ändern nichts daran, daß nicht nur das gemeinsame Gespräch zwischen PDS und SPD gesucht werden sollte, sondern auch Zusammenarbeit auf den nicht wenigen Gebieten möglich ist, wo gleiche Ziele verfolgt werden bzw. gleiche Werte die Grundlage für Politik bilden.

Hinsichtlich der Grünen ergeben sich zwei wesentliche Unterschiede. Viele Grüne stellen die ökologische Frage allein in den Mittelpunkt. Nach unserer Auffassung sind jedoch ökologische Probleme nicht lösbar, wenn nicht gleichzeitig die soziale Frage beantwortet wird. Führende Vertreter der Grünen haben inzwischen ebenfalls ihren »Frieden« mit dem Kapital gemacht. Sie gehen davon aus, daß die ökologische Frage jetzt zu lösen ist. Ausgangspunkt sind die gegebenen Ordnungen: Da es sich nun einmal um kapitalistische Ordnungen handele, müßten die ökologischen Fragen auch im Rahmen dieser Ordnungen gelöst werden.

Die PDS vertritt dagegen die Auffassung, daß die ökologische Frage letztlich innerhalb kapitalistischer Strukturen nicht wirklich lösbar ist. Ein weltweiter Umweltschutz wird erst möglich sein, wenn neue gesellschaftliche Strukturen durchgesetzt worden sind. Unserer Auffassung nach muß es sich dabei um einen vielfältigen demokratischen Sozialismus handeln. Das ändert allerdings nichts daran, daß auch wir für jede denkbare umweltpolitische Maßnahme schon innerhalb der kapitalistischen Ordnung eintreten. Daraus und aus anderen Übereinstimmungen (z. B. hinsichtlich der Gleichstellung der Geschlechter, hinsichtlich der Notwendigkeit einer multikulturellen Gesellschaft) ergeben sich jedoch auch mit den Grünen wichtige Bereiche einer möglichen Zusammenarbeit, wenn auch keine Identität.

Darüber hinaus gibt es noch einen ganz wesentlichen Unterschied zwischen der PDS einerseits und der SPD und den Grünen andererseits. Während die PDS anerkennt, daß es partiell gemeinsame Auffassungen gibt, und deshalb eine Zusammenarbeit befürwortet, grenzen die Führungen der SPD und der Grünen gegenwärtig die PDS aus.

9. Für die Zeit der Vereinigung der beiden deutschen Staaten sehe ich folgende wichtige konkrete Ziele einer PDS und gegebenenfalls eines darüber hinausgehenden linken Bündnisses:

Erstens: Eintreten gegen eine Gefährdung der sicherheitspolitischen Stabilität in Europa und damit gegen eine NATO-Mitgliedschaft des geeinten Deutschlands. Das schließt den Kampf für ein bündnisfreies und entmilitarisiertes Deutschland ein. Die durch Abrüstung freiwerdenden Mittel sollen zur Lösung ökologischer und sozialer Probleme im Inneren und zur Schaffung von Voraussetzungen für eine gerechte Weltwirtschaftsordnung genutzt werden.

Zweitens: Eintreten für eine neue, durch Volksabstimmung zu bestätigende Verfassung, die die Grundrechte des Grundgesetzes der BRD aufnimmt, gleichzeitig aber weitergehende Rechte statuiert. Dabei sind auch die Erfahrungen der demokratischen Erhebung in der DDR und die Inhalte des Entwurfs der Verfassung des Zentralen Runden Tisches der DDR zu nutzen. Neben der parlamentarischen Demokratie sind unbedingt basisdemokratische Elemente in eine neue Verfassung einzubauen. Hierzu könnte zum Beispiel das Antragsrecht von Bürgerbewegungen und Bürgerinitiativen in Parlamenten sowie ein ausgestaltetes plebiszitäres Recht gehören. Ferner sollte das Wahlrecht so geändert werden, daß auch Bürgerbewegungen die Möglichkeit haben, sich an Wahlen zu beteiligen. Die undemokratische Fünfprozentklausel sollte abgeschafft werden, damit alle WählerInnen die Möglichkeit haben, die Partei und Bewegung zu wählen, die sie *wirklich* wählen wollen. Natürlich würde sich dadurch die gewohnte Zusammensetzung der Parlamente verändern. Die Wahl zur Volkskammer hat jedoch bewiesen, daß keinesfalls Regierungsunfähigkeit eintritt. Es muß aufhören, daß die Bürgerinnen und Bürger gezwungen sind, andere Parteien und Bewegungen als sogenanntes kleineres Übel zu wählen, weil sie befürchten müssen, daß ihre Stimmen bedeutungslos bleiben, wenn sie eine Partei oder Bewegung wählen, die die Fünfprozenthürde nicht überschreitet.

In diese neue Verfassung sollte auch die Verpflichtung des Staates zum Umweltschutz aufgenommen werden. Gleichzeitig wäre zu regeln, daß die Verursacher von Umweltschäden haften. Grundrechte, die sich in der DDR bewährt haben, sollten zusätzlich aufgenommen werden. Hierzu zählt das Recht auf Arbeit ebenso wie das Recht auf selbstbestimmte Mutterschaft.

Drittens: Die PDS wird für Steuergerechtigkeit kämpfen. Dazu gehört zunächst, das Steuerrecht allgemeinverständlich zu gestalten und zu vereinfachen. Bürgerinnen und Bürger der BRD sind oft nicht in der Lage, das geltende Steuerrecht zu durchschauen. Deshalb sind sie auch nicht in der Lage, Ziele und Wirkungen von Steuerrechtsänderungsgesetzen nachzuvollziehen.

Viertens: Zahlreiche Initiativen werden zum Umweltschutz erforderlich sein. Dabei geht es nicht nur um die Angleichung von Grenzwerten und ähnlichem auf dem bisherigen Territorium der DDR im Vergleich zur BRD. Erforderlich sind weitergehende Maßnahmen. Von besonderer Bedeutung ist die Einführung des genannten Haftungsprinzips der Verursacher von Umweltschäden. Im Steuerrecht ist durchzusetzen, daß sich ökologische Investitionen generell lohnen. Maßnahmen sind erforderlich, um die Gefahren, die von der Nutzung der Kernenergie ausgehen, zu beseitigen.

Fünftens: Initiativen, um mehr soziale Gerechtigkeit zu erreichen. Auch hier geht es um steuerrechtliche Regelungen. Zum Beispiel werden wir dafür eintreten, den Spitzensteuersatz anzuheben. Andererseits müssen kleinere und mittlere Unternehmen stärker unterstützt werden, damit die Zahl der Konkurse deutlich zurückgeht. Für sozial besonders belastete Lohnabhängige und andere sozial Schwache muß die steuerliche Belastung weiter abgebaut werden. Kindergeld sollte gerechter, also nach sozialen Gesichtspunkten verteilt werden. Die finanzielle Beteiligung der Versicherten bei gesundheitlichen Maßnahmen und beim Erwerb von Medikamenten muß rückgängig gemacht werden. Das gilt insbesondere für Rentner. Die Mittel dazu können aus der Entmilitarisierung bzw. aus dem Steueraufkommen aufgrund der Erhöhung des Spitzensteuersatzes gewonnen werden. Soweit wie möglich ist die Sozialhilfe durch andere rechtliche Ansprüche zu ersetzen.

Sechstens: Dringend werden Maßnahmen erforderlich sein, um eine weitere Steigerung der Arbeitsintensität zu verhindern. Die Kürzung der Arbeitszeit hat in vielen Fällen dazu geführt, daß sich die Arbeit innerhalb der verbliebenen Arbeitszeit stark verdichtet hat. Die psychischen und physischen Belastungen sind zum Teil kaum noch vertretbar. Gerechtfertigt ist auch nicht, daß die Überstunden ständig zunehmen, während andererseits die Arbeitslosigkeit keineswegs abnimmt.

Siebentens: Entschiedene Maßnahmen werden erforderlich sein, um die Arbeitslosigkeit rigoros abzubauen. Hierzu gehören sowohl Arbeitsbeschaffungsmaßnahmen des Staates als auch steuerliche Regelungen, die die Schaffung von Arbeitsplätzen stimulieren. Es sind die Voraussetzungen dafür zu schaffen, daß die Arbeit gerecht verteilt wird.

Achtens: Das Netz an Kinderbetreuungsstätten muß wesentlich erweitert werden, damit gerade Frauen mehr Möglichkeiten erhalten, zwischen einer Haushaltstätigkeit und einer beruflichen Tätigkeit zu wählen.

Neuntens: Im Bereich des Bildungswesens und der Kultur sind Maßnahmen erforderlich, die die Bürgerinnen und Bürger unabhängig von ihren finanziellen Möglichkeiten in die Lage versetzen, sich ein hohes Maß an Bildung zu erwerben und sich kulturell und sportlich zu betätigen.

Hier handelt es sich nur um eine unvollständige Aufzählung von Politikangeboten, für die wir in nächster Zeit streiten wollen. Vieles davon wird nur schrittweise zu erreichen sein. Entmilitarisierung braucht Zeit. Die Weichen müssen aber eindeutig in dieser Richtung gestellt werden. Als erste Maßnahme könnte zum Beispiel die Abschaffung der Wehrpflicht beschlossen werden. Darüber hinaus sollten durch das Parlament keine Mittel mehr für die Anschaffung neuer Waffen zur Verfügung gestellt werden.

Ich denke, daß unsere Forderungen die Notwendigkeit einer linken sozialistischen Partei in einem geeinten Deutschland deutlich gemacht haben. Zu unterschätzen ist auch nicht, welche Bedeutung dies für die Nachbarvölker in Europa hat. Es macht einen Unterschied, ob zur politischen Kulturlandschaft eines geeinten Deutschlands auch eine linke sozialistische Partei gehört oder nicht. Der vehemente und zum Teil aggressive Kampf gegen uns, der von Vertretern der CDU, der CSU, der FDP, aber auch der SPD geführt wird, zeigt auch, daß die PDS und ihre Politik ernst genommen werden. Man will eine Partei nicht zulassen, die fundamentale Kritik an kapitalistischen Verhältnissen übt, die aber gleichzeitig Erfahrungen mitbringt, wie eine Alternative zum Kapitalismus nicht aussehen darf. Dieser Kampf gegen uns beweist unsere Notwendigkeit.

Hans Modrow

Ende und Aufbruch

Man ist versucht, das Ende der SED mit dem Scheitern der DDR gleichzusetzen. Beide sind in der Vergangenheit also so weitgehend identisch behauptet, dargestellt oder aufgefaßt worden, daß dieser Gedanke sich aufdrängt.

So einfach ist die Wahrheit nicht. Tatsächlich war die DDR stets ein Staat, der zwar von der SED dominiert, aber von anderen Parteien und politischen Kräften mitgetragen wurde. Er ist in dem Maß degeneriert, wie diese Kräfte gleichgeschaltet und ihres Einflusses weitgehend beraubt werden konnten (was sehr bequem erschien). Die SED hat in dem Maße ihre innere Kraft und moralische Legitimation verloren, wie sie zuließ, daß ihre Führung – die sogenannte Partei- und Staatsführung – allmächtig wurde, die Widersprüche der »realsozialistischen« Gesellschaft zudeckte und sich als unfehlbar gebärdete.

Ich habe dies ebenfalls zugelassen, wie unbequem ich auch immer dem Politbüro gewesen bin. Eine weitergehende Alternative hätte den Bruch mit der Partei bedeutet, eine Konsequenz, zu der ich nicht bereit war. Falsch verstandene Parteidisziplin, verkehrte Treue, wie ich heute weiß. Um meinen sozialen Status habe ich nie gebangt, dafür habe ich zu normal, wie jeder Bürger, gelebt.

Als die inneren Widersprüche der DDR nicht mehr zugedeckt werden konnten, sondern aufbrachen, waren die SED und alle sie loyal begleitenden Kräfte längst gescheitert. Das Aufbrechen war ein gewaltiger Aufbruch. Er geschah spätestens vom Sommer bis zum Herbst 1989, mit der Ausreisewelle und der Öffnung der Grenze am 9. November 1989. Mit diesem Datum, diesem historischen Ereignis, war zugleich das Ende der DDR vorprogrammiert. Es mußte und konnte nur hinausgezögert werden, was sich aus heutiger Sicht allerdings als richtig und wichtig erwies: Die Turbulenzen, mit denen der sofortige Anschluß der DDR an die Bundesrepublik unweigerlich einhergegangen wäre, hätten innenpolitisch und außenpolitisch eine höchst gefährliche Situation bedeutet.

Zwei Fragen ergeben sich aus diesen Zusammenhängen: Gab es vor oder nach dem 9. November 1989 für die DDR eine Chance, sich als sozialistischer Staat zu wandeln, zu erneuern und so zu behaupten? Woraus kann die PDS – wie es landläufig heißt: Nachfolgepartei der SED – die innere Kraft und moralische Legitimation nehmen, sich zu erneuern und über das Ende der DDR hinaus mit dem glaubwürdigen Anspruch aufzutreten, eine politische Rolle in Deutschland zu spielen?

Erstens also. Nach dem 9. November hatte die DDR selbstverständlich keine Chance, sich auf längere Sicht als selbständiger Staat gegenüber der Bundesrepublik zu behaupten. Der ökonomisch weit schwächere und demografisch wie politisch zusätzlich geschwächte Staat mußte alsbald kapitulieren, allein schon aus währungspolitischen Gründen.

Alle Denkmodelle von Anfang 1990, aus der Mark der DDR allmählich eine Hartwährung zu machen, die sich in einem verträglichen festen Tauschverhältnis an die D-Mark anbinden ließ, gingen an einer dreifachen Realität vorbei. Einmal an der zunehmenden Schwäche der DDR-Wirtschaft. Zum anderen am Unwillen von bundesrepublikanischer Regierung und Unternehmerschaft, Milliarden in die DDR zu investieren, ohne dafür mindestens währungspolitisch das absolute Sagen zu haben. Und schließlich an der Realität von einigen Millionen Bürgern der DDR, die auf die D-Mark nicht länger warten wollten.

Ich lasse dahingestellt, wie die Entwicklung verlaufen wäre, wenn die Führung der DDR mit dem Grundlagenvertrag von 1971 auch eine weitgehende Reisefreiheit vereinbart hätte, eine faktische Öffnung zur Bundesrepublik und anderen westlichen Ländern. Dies hätte wirtschafts- und vor allem währungspolitisch vielleicht abgesichert werden können. Der kurzlebige

Reisefonds von 1989, ausgehandelt zwischen der Bundesregierung und meiner Regierung, hat gezeigt, was bei gutem Willen möglich ist. Auf Schritte zur Konföderation wäre es allemal hinausgelaufen, und der Sog zur deutschen Einheit hätte sich unweigerlich eingestellt – im Rahmen einer Nation bei offener Grenze können nicht lange zwei soziale Ordnungen und vor allem mit so unterschiedlichen Lebensstandards bestehen. Das heißt, die Mehrzahl der DDR-Bürger hätte so nicht leben wollen, der Druck zur Vereinigung wäre ständig größer geworden.

Also setzte die Erhaltung der DDR ihre ständige, 1961 begonnene Abschottung voraus. Damit wiederum konnte sich die Mehrzahl ihrer Bürger auf Dauer ebenfalls nicht abfinden. Um so weniger, als das sozialistische Experiment keine Fortschritte des Lebensstandards brachte, die eine geschlossene Grenze hätten kompensieren können. Dergleichen ist im Grunde überhaupt nicht zu kompensieren, wie sich auf deutschem Boden nun endgültig gezeigt hat.

Die DDR galt lange Zeit als der im Lebensstandard fortgeschrittenste sozialistische Staat. Die Produktivität seiner Wirtschaft erreichte jedoch in keiner Phase das Niveau der Bundesrepublik, auch nicht in Zeiten der Rezession. Bis in die 70er Jahre, bevor jede Diskussion über neue Wege zum vorprogrammierten Ritual erstarrte, gab es Vorstellungen, Denkmodelle, Experimente mit dem Ziel, im Rahmen der Planwirtschaft und der vorherrschenden sozialistischen Eigentumsverhältnisse mehr Kreativität, Flexibilität, Produktivität zu erreichen. Nichts davon hat die Probe der Praxis bestanden. Am Ende blieb, wie ich als Parteichef des Bezirkes Dresden immer wieder erfahren mußte, die bestenfalls für einen Betrieb hilfreiche Weisung, mit der ein Problem gelöst wurde. Aber auch diese Vorstellung war Illusion: So können keine Ressourcen geschaffen, sondern nur umverteilt werden.

Die Frage also, ob eine besser geführte DDR als sozialistischer Staat vor dem 9. November 1989 die Chance hatte, eine attraktive Alternative zur Bundesrepublik zu werden, muß ebenfalls verneint werden. Die DDR ist auch an ihrer Führung gescheitert, aber nicht in erster Linie, sondern in der Hauptsache am zentralistischen Kommandosystem, das seiner Natur nach kein wirksames demokratisches Korrektiv zuläßt, mithin auch Führungswechsel weitestgehend verhindert. Diesen Mechanismus am Beispiel DDR gründlich aufzuklären, wäre übrigens eine interessante Aufgabe.

Zum Scheitern verurteilt ist jeder Versuch, Formen und Methoden des Dirigismus in die Marktwirtschaft hinüberzuretten. Die Versuchung dazu gab es in den 150 Tagen meiner Regierung mehr als einmal, und sie wird sich zwangsläufig in jedem Staat einschleichen, der zur Marktwirtschaft übergehen muß. Einen Ersatz für die Wirkung von Angebot und Nachfrage, Wert und Preis gibt es nicht. Dieser Tatsache muß auch jeder lenkende Eingriff in die Wirtschaft Rechnung tragen. Abschied vom ehemaligen Staat DDR bedeutet für mich in erster Linie den einsichtigen Verzicht auf die Vorstellung, dieses oder ein ähnliches System könnte wenigstens in Teilstücken aufbewahrt werden, gewissermaßen als Denkmodell für einen demokratischen Sozialismus. Motto: So schlecht war doch die DDR gar nicht.

Nein, so schlecht war sie nicht. Sonst hätten wohl kaum Millionen Menschen dort ausgehalten. Viele taten es nach der Devise »Machen wir das Beste daraus!« Und gewiß hat auch die weltweite völkerrechtliche Anerkennung der DDR Anfang der 70er Jahre vielen Bürgern die Vorstellung vermittelt, dieser Staat habe eine Perspektive, werde von Dauer sein. Die DDR wurde Mitglied der UNO, es wurde der Grundlagenvertrag mit der Bundesrepublik geschlossen, hochrangige westliche Politiker aller Parteien konferierten mit Honecker, und schließlich Flagge und Hymne der DDR beim Besuch in Bonn – all dies konnte den Eindruck bestärken, es werde auch im nächsten Jahrtausend noch zwei deutsche Staaten geben. Viele Bürger haben sich zumindest weitgehend oder streckenweise mit diesem Staat identifiziert, auch solche, die es heute keinesfalls wahrhaben wollen, die »schon immer dagegen« waren.

Was also hat da – jenseits aller Propaganda und Demagogie – eine Rolle gespielt? Was kann, ja was muß die PDS, auf dem Boden einer sich wandelnden DDR entstanden, aus dem Volk der DDR in einen neuen Aufbruch mitnehmen? Denn, meine ich, diese Partei darf sich nicht schamhaft distanzieren von den Hoffnungen und Wünschen, den Zielen und Taten, mit denen die Menschen in der sowjetischen Besatzungszone und der späteren DDR die Nachkriegszeit gestaltet haben. Gerade aus diesem Stück deutscher Geschichte, den Jahren des Neubeginns nach verbrecherischer Naziherrschaft und verbrecherischem Krieg, sollten demokratische Sozialisten einen Teil ihrer Ansprüche an sich selbst und an den Inhalt ihrer Politik entnehmen.

Da war gleich 1945 und in den Folgejahren der so notwendige Mut zu ehrlichem Neubeginn, gepaart mit dem Willen, die jüngste Vergangenheit aufzuarbeiten. Mancher mag vor dieser Parallele zurückschrecken, weil in der Tat auch die Ära Honecker einschließlich der flächendeckenden Bespitzelung der Bürger nicht gleichzusetzen ist mit der Schreckensherrschaft der Nazis. Aber aufzuarbeiten ist schon all das, was sich unter den Begriff »machtpolitische Überhebung der Partei über das Volk« fassen läßt. Dem auszuweichen hieße, den Bruch mit dieser Vergangenheit nicht zu vollziehen. Solche Ehrlichkeit aber wird zumindest von jedem Mitglied der PDS erwartet, das einst der SED angehörte.

Und Mut zu machen haben wir demokratische Sozialisten all denen, die verzagt oder mit Furcht und Bangen aus der DDR in das größere Deutschland eintreten. Berechtigte Gründe für Furcht und Bangen gibt es. Ebenso aber die Notwendigkeit, sich den Tatsachen zu stellen, mit ungewohnten Umständen fertig zu werden, politische Freiheit zu nutzen, um soziale Rechte einzufordern.

So ist zum Beispiel auch die Forderung, Kinderkrippen und Kindergärten wie in der DDR gewohnt zu erhalten, keine Pflege von Überresten des realen Sozialismus, sondern Kampf für einen sozialen Fortschritt, den die deutschen Arbeiter schon auf ihre Fahnen geschrieben hatten, als es noch kein Nazireich und keine nachfolgenden zwei deutschen Staaten gab. Ähnlich verhält es sich mit der Fristenlösung für einen verantwortungsbewußten Schwangerschaftsabbruch, mit der sozialen Sicherheit für menschenwürdiges Wohnen, nicht zuletzt mit dem Recht auf Arbeit. Selbstverständlich hat sich der – größere und letztlich auch viel leistungsfähigere – deutsche Staat hier einem ganz neuen Anspruch zu stellen: Vollbeschäftigung nicht dadurch, daß, wie im realen Sozialismus, unproduktive Arbeitsplätze gehalten werden, sondern bei hoher und weiter zunehmender Produktivität. Welch eine Herausforderung!

Es geht also auf keinen Fall darum, Teilstücke des sozialistischen Systems der DDR aufzubewahren, nostalgisch einzuschreinen. Unerläßlich für die PDS ist es, das Eintreten für grundlegende soziale Rechte zum Hauptinhalt des Aufbruchs in die Zukunft zu machen. Falsche Zurückhaltung wäre es, einen Fortschritt nur deshalb nicht einzuklagen, weil er in der DDR angedacht oder eingeführt worden ist. Ich halte auch, um ein letztes, ganz andersartiges Beispiel zu nennen, die DDR-Praxis des Umgangs mit Sekundärrohstoffen für so fortschrittlich, daß sie ökonomisch und technisch vervollkommnet, auf das ganze neue Deutschland ausgedehnt werden sollte.

Auch aus jüngster Vergangenheit gilt es Werte zu erkennen, die jedem demokratischen Sozialisten gut zu Gesicht stehen, wichtig für die Zukunft der PDS sind. Ich denke hier vor allem an Meinungsaustausch und, wo immer dies möglich ist, Zusammenarbeit mit Andersdenkenden. Diese Vorstellung geht aus von der Freiheit des Andersdenkenden, die Lothar de Maizière in seiner Antrittserklärung als Ministerpräsident am 19. April 1990 an erster Stelle unter den Grundwerten der Gesellschaft genannt hat. Meine Erfahrungen im gleichen Amt legen die Erkenntnis nahe, daß dem politischen Klima eines Staates besonders gedient wird, wenn Andersdenkende nicht nur Freiheit im Sinne von Duldung ihrer Ansichten erfahren, sondern auch gehört, um Rat gefragt, ja zur Mitarbeit herangezogen werden. Für mich, einen Atheisten, war es – nicht erst in meinem Regierungsamt – selbstverständlich, die Überlegungen kirchlicher Amtsträger zu erfahren und sie, auch als Ministerpräsident, um Rat zu fragen.

Die äußerst wichtige Feststellung, daß die Freiheit des Andersdenkenden zu den besonderen gesellschaftlichen Werten gehört, muß gerade von der PDS stets beherzigt und betont werden.

Diese Erkenntnis, die durch DDR-Bürgerrechtler ins politische Blickfeld gerückt worden ist, eröffnet darüber hinaus neue Perspektiven. Einmal für das Klima des politischen Streits, das sich bei den Angriffen gegen die PDS in der Volkskammer der DDR bekanntlich nicht vorbildlich entwickelt hat.

Zum anderen ergibt sich hier ein Denkanstoß für die Gestaltung des Verhältnisses von Regierungsparteien und Opposition. Konstruktive Opposition, zu der sich die PDS bekennt, darf nicht Ausgrenzung oder eben noch Duldung bedeuten, sondern sollte Austausch und sachbezogene Kooperation einschließen. Das Pflegen alter Feindbilder hat wenig mit Freiheit für Andersdenkende zu tun. Übrigens stammt diese exzellente Interpretation des Freiheitsbegriffs von der Kommunistin Rosa Luxemburg.

Es ist, meine ich, legitim und ehrenvoll, daß die PDS einen Teil ihrer Wertvorstellungen aus dem Kampf der deutschen Antifaschisten ableitet, ebenso aus Idealen, die bei der Gründung der DDR Pate standen, zuoberst soziale Gerechtigkeit und Sicherheit, wie auch aus konkreten sozialen Zielen, die von aufrechten Sozialisten in der DDR stets angestrebt und sicherlich in Ansätzen auch erreicht wurden.

Was immer man im Ganzen und im einzelnen gegen die Vereinigung von KPD und SPD in der damaligen sowjetischen Besatzungszone vorbringen mag – dieser Prozeß personifizierte sich für mich nicht zuletzt mit Otto Grotewohl, Otto Buchwitz, Friedrich Ebert und anderen namhaften Sozialdemokraten – zumindest bis Ende der 40er, Anfang der 50er

Jahre haben sozialdemokratische Traditionen durchaus eine Rolle gespielt. Dies zeigt sich beispielsweise an Zustandekommen und Inhalt der Verfassung der DDR von 1949 und auch daran, daß der erste Ministerpräsident und – ebenfalls eine Schlüsselfunktion – der erste Innenminister der DDR aus der Sozialdemokratie kamen. Für mich, der die ersten Jahre der DDR bereits politisch aktiv miterlebt hat, waren das lebendige Beweise der Überwindung der Spaltung der Arbeiterbewegung; die tief in die deutsche Vergangenheit reichenden Wurzeln dieser Partei, der ich mehr als vierzig Jahre angehört habe, konnten nie ganz ausgerottet werden.

Für die Sozialisten dieser Zeit war Solidarität untereinander und mit Menschen anderer Völker keine Propagandafloskel, sondern erkannte Notwendigkeit, ja Bedürfnis. Hier war, hier ist kein Graben, im Grunde kein Unterschied zum christlichen Ethos. Wie überhaupt die Haltung derer, die sich – wie ich – in der SED die Ideale der ersten Stunde bewahrt hatten und heute demokratische Sozialisten nennen, in den Hauptfragen des Menschseins der Haltung überzeugter Christen sehr ähnlich ist.

Wo immer es in all den Jahren der Existenz der DDR um soziale Gerechtigkeit und soziale Sicherheit ging – bei aller Unvollkommenheit des Erreichten und trotz aller offizieller Beschönigung des Erreichten –, stand ein großer Teil der Bevölkerung zu diesen politischen Zielen. In eben diesem Sinne, mit aller Einschränkung, war die DDR so schlecht nicht. In eben diesem Feld sind auch die Wurzeln aller Bestrebungen zu finden, die es – insbesondere Ende 1989 – gegeben hat, die DDR zu erneuern und damit zu bewahren. Ihr Ende war zunächst nicht vorgesehen. Weder im Aufruf der Intellektuellen von Ende November »Für unser Land«, noch in der Vertragsgemeinschaft der beiden Staaten, die Bundeskanzler Kohl und ich noch im Dezember 1989 wollten (es ist ja keine Schande, auch diese Wahrheit festzustellen). Auch im Kalkül der großen Staaten, der Sowjetunion und den USA, Frankreichs und Großbritanniens, China und Japan nicht zu vergessen, spielte eine rasche oder baldige Vereinigung der beiden Staaten Anfang 1990 noch keine ernsthafte Rolle.

»Noch haben wir die Chance, in gleichberechtigter Nachbarschaft zu allen Staaten Europas eine sozialistische Alternative zur Bundesrepublik zu entwickeln, ... eine solidarische Gesellschaft zu entwickeln, in der Frieden und soziale Gerechtigkeit, Freiheit des einzelnen, Freizügigkeit aller und die Bewahrung der Umwelt gewährleistet sind.« So hieß es im Aufruf »Für unser Land«. Wir wissen, daß es anders gekommen ist, durch die offene Grenze und die D-Mark vor allem. Der Gang der Geschichte wird nicht durch Wünsche, sondern durch die Kraft des Faktischen bestimmt.

Die Zeit, da die Deutsche Demokratische Republik zu einer geschichtlichen Reminiszenz wird, ist die Zeit des Aufbruchs der Partei des Demokratischen Sozialismus. Zwei Vorgänge von unterschiedlicher Bedeutung, durchaus nicht vergleichbar. Ihr Zusammentreffen, das kein Zufall ist, läßt ahnen, wie schwer es die PDS in Deutschland haben wird. Immerhin aber ist es ein Aufbruch zu Ufern, an denen wir politisch engagierten Menschen begegnen werden, die wie wir oder sogar mit uns diese Welt verändern wollen. Diese ist nicht die beste aller denkbaren Welten. Sie braucht die Ideen und den Einfluß demokratischer Sozialisten.

Klaus Höpcke

Nähe und Ferne des Vergangenen

Sich erneuern: so heilsam wie schmerzhaft?

Wie weh Erneuerung tut und wie gut Erneuerung tut – beides erlebe ich, erleben wir nun schon mehrere Monate, seit Dezember 1989.

Wem früher »Beulen« zugefügt worden waren, weil er seine persönliche Meinung ausgesprochen und vertreten, weil er, eigene Verantwortung wahrnehmend, selbständig etwas entschieden hatte, dem tat die neuartige, wirklich demokratische Willensbildung in der Partei des Demokratischen Sozialismus von Anfang an gut. Da wurde etwas durchgesetzt, wonach viele sich schon lange gesehnt, was sie erstrebt hatten. Ähnliches gilt für die Idee, unsere Partei nicht als Leitorganisation für andere erklärt zu sehen, sondern als eine Partei, die unter mehreren Parteien wirkt. Das betrifft auch ihre Stellung in der Linken.

Wenn ich hier schreibe: viele, weiß ich natürlich, daß das nicht für alle in oder aus unseren Reihen gilt. Manchen Demokratieentwöhnten und auf Zentralismus Versessenen bereitete die Umstellung so große Schwierigkeiten, daß sie uns verließen. Andere arbeiten mit Mühe daran, Gegenmeinungen »auszuhalten«. Für sehr viele aber, wenn nicht die meisten, gehört die wahrhaft praktizierte Demokratie innerhalb der Partei zu dem auf Anhieb Wohltuenden.

Gerade dabei will ich mich hier jedoch nicht lange aufhalten. Denn zu schaffen machen uns mehr die auch für unsereinen sehr schmerzhaften Vorgänge des Abschieds von früheren Vorstellungen. Wenn wir Nähe und Ferne des Vergangenen zu unseren heutigen Standpunkten herausarbeiten, gewinnen wir – uns selbst zum Nutzen und unseren Partnern vielleicht auch interessant – wesentliche Anhaltspunkte für unsere Politik. An drei Beispielen sei versucht, die Problematik anzudeuten, die da durchdacht sein will.

1 Vorläufer

In den Nächten des Sonderparteitags Anfang/Mitte Dezember 1989 spürte ich mit Heftigkeit, wie weh Erneuerung tun kann. Wir stritten darüber, ob unter denen, an die wir anknüpfen, Ernst Thälmann genannt werden soll. Wog nicht schwerer als alles, was dagegen sprechen könnte, sein Kampfesmut gegen Hitler und die Nazipartei? Wir einigten uns auf eine Formulierung, die Thälmann einzubeziehen ermöglichte. Doch Fragen blieben und bohrten weiter. Es ging und geht um den Schaden, der durch eine Politik heraufbeschworen wurde, die die Sozialdemokratische Partei als Verkörperung von »Sozialfaschismus« ansah.

Zu Thälmanns Verteidigung läßt sich anführen, und ich habe das getan, wie er zuweilen ursprünglich richtige Auffassungen gerade im Verhältnis zu Sozialdemokraten nur unter Stalinschem Druck aufgegeben hat. Zu erinnern ist an das Jahr 1931. Thälmann hatte nachgewiesen, daß eine Teilnahme an dem von den Nazis angestrebten Volksbegehren und Volksentscheid gegen die sozialdemokratisch geführte Koalitionsregierung in Preußen der Politik der KPD widersprechen und die angestrebte Einheitsfront mit den Sozialdemokraten von vornherein außerordentlich erschweren würde. In der Politkommission des Exekutivkomitees der Kommunistischen Internationale aber sprachen Stalin und Molotow sich für die Teilnahme der KPD am Volksentscheid aus. Und an diesem Punkt endet, so schmerzlich es ist, die Möglichkeit, Thälmann in dieser Sache zu verteidigen. Denn: Nach Berlin zurückgekehrt, ließ er die richtigen ursprünglichen Beschlüsse des KPD-Zentralkomitees aufheben. Im Ergebnis der KPD-Beteiligung am – übrigens erfolglosen – Nazi-Volksbegehren gegen die preußische Regierung vertiefte sich die Kluft zwischen KPD und Sozialdemokraten auf verheerende Weise.

Daß Ernst Thälmanns Reden und Schriften bei uns nur

lückenhaft und schleppend herausgekommen sind, hat in Schwierigkeiten mit derartigen Wahrheiten sicher die eigentliche Ursache gehabt.

Was die Bezugnahme auf Eduard Bernstein und Karl Kautsky als geistige Vorväter unserer Partei und Bewegung Seite an Seite mit Wilhelm Liebknecht und August Bebel betrifft, so erklärt sie sich aus dem Interesse für die von ihnen entwickelten Ideen über den Zusammenhang von Sozialismus und Demokratie. Kritiklosigkeit gegenüber irrigen Auffassungen wie etwa Bernsteins Rechtfertigung imperialistischer Kolonien soll damit nicht angezeigt werden. Aber das Ende der Verunglimpfung eines der bedeutenden Verbreiter und Weiterdenker der Marxschen Lehre im vorigen Jahrhundert als »Urvater des Revisionismus« sehr wohl. Und Kautsky, in dessen kritischen Bemerkungen zur Sowjetmacht neben renegatenhaften Zügen, auf die sie nach Lenins Schrift ausschließlich reduziert worden waren, Beherzigenswertes, Anregendes, Produktiv-Kritisches steckt, Kautsky wollen wir in allen Seiten des von ihm hinterlassenen Reichtums an geschichtlich Erforschtem wieder oder neu kennenlernen – über »Thomas Morus«, die »Vorläufer des neueren Sozialismus« und das »Erfurter Programm« von 1891 hinaus.

Unter den »Vorläufern« von demokratischem Sozialismus, für den wir heute eintreten, sparen wir weder Marx und Engels noch Lenin aus. Wir vermeiden aber die Stilisierung ihrer Lehren zu -ismen. Ihnen war so etwas bekanntlich selbst zuwider. Sie ahnten bzw. wußten wohl, welche primitiven Dogmatisierungen und Kanonisierungen solcher Umgang mit theoretischen Erkenntnissen haben muß. Ebenfalls ganz in ihrem Geiste liegt es, wenn wir außerdem kritisch prüfen, was von ihren Lehren durch das Leben bestätigt wurde und was widerlegt erscheint. Beispielsweise ist nicht zu übersehen, daß die Verabsolutierung zentralistischer Parteigestaltung auf Grund von Erfahrungen aus Zeiten der Illegalität noch unter Lenin Einschränkungen entstehen ließ, an die Stalin mit der von ihm betriebenen Unterordnung der Partei unter eine selbstherrliche Führung mit bürokratischem Apparat anknüpfen konnte. Werden aber Verdächtigungen laut, im Gesellschaftskonzept und Menschenbild Marx' sei die Unterdrückung des Individuums angelegt und insofern seien Fehlentwicklungen in osteuropäischen Ländern, die von Verzerrungen sozialistischer Grundsätze herrühren, auf Marxsche Gedanken zurückzuführen, dann kontern wir solche Unterstellungen unter Hinweis auf die berühmte Aussage in der »Kritik der Hegelschen Rechtsphilosophie«, daß – wie Marx schrieb – »alle Verhältnisse umzuwerfen« seien, »in denen der Mensch ein erniedrigtes, ein geknechtetes, ein verlassenes, ein verächtliches Wesen ist«. Beim Wiederlesen von Lenins »Über das Genossenschaftswesen« (Werke, Band 33) entdeckt man Gedanken über das Wachstum der Genossenschaften in allen Wirtschaftsbereichen und über alltägliche Kulturarbeit als die eigentlichen Voraussetzungen gesellschaftlicher Entwicklung des sozialistischen Systems, Gedanken, deren konsequente Verwirklichung die UdSSR vor den Fehlschlägen der 30er und folgenden Jahre bewahrt und auch uns Irrwege in der Zeit nach der Befreiung vom Faschismus erspart hätte. Gedanken, die für die Diskussion auf die Zukunft gerichteter gesellschaftstheoretischer Überlegungen von Interesse sein können.

Ungewohnte Sichterweiterung verspricht der Umgang mit Werken Gramscis und Bucharins sowie Trotzkis.

Die wichtigste akzentsetzende Erneuerung unter dem Stichwort Vorläufer, die von der PDS in Gang gesetzt wurde, betrifft eine Vorläufer*in*: Rosa Luxemburg. Den ganzen Wust der abschätzigen Urteile im Text und im Gefolge von Stalins Brief an die Redaktion der »Proletarskaja Revoluzia« (»Luxemburgismus«, »halbmenschewistisch« usw.) beiseiteschiebend und verwerfend, knüpfen wir – hier scheue ich emotionale Superlative nicht – mit Begeisterung und Inbrunst sowie erstaunt bis erschrocken über den auch im Detail treffenden Weitblick Rosa Luxemburgs an das an, was sie insbesondere in ihren Aufzeichnungen über die Russische Revolution zu Papier gebracht hat. (Gesammelte Werke, Dietz Verlag Berlin

1974, Band 4, S. 332–365). Sie lobte Mut, Tatkraft, revolutionäre Ehre und Aktionsfähigkeit, die »Lenin, Trotzki und Genossen« im Oktoberaufstand bewiesen hatten. Sie wies auf die »offenkundige, unbestreitbare Tatsache« hin, »daß ohne eine freie, ungehemmte Presse, ohne ungehindertes Vereins- und Versammlungsleben gerade die Herrschaft breiter Volksmassen völlig undenkbar ist«. An den linken Rand der Manuskriptseite, auf der von der intensivsten politischen Schulung der Massen und Sammlung von Erfahrung die Rede ist, notierte sie die folgenden Sätze, von denen einer zum geflügelten Wort geworden ist: »Freiheit nur für die Anhänger der Regierung, nur für Mitglieder einer Partei – mögen sie noch so zahlreich sein – ist keine Freiheit. Freiheit ist immer Freiheit von Andersdenkenden. Nicht wegen des Fanatismus der ›Gerechtigkeit‹, sondern weil all das Belebende, Heilsame und Reinigende der politischen Freiheit an diesem Wesen hängt und seine Wirkung versagt, wenn die ›Freiheit‹ zum Privilegium wird.« Weiter gab sie zu bedenken: »Das Negative, den Abbau kann man dekretieren, den Aufbau, das Positive, *nicht*. Neuland. Tausend Probleme. Nur Erfahrung (ist) imstande, zu korrigieren und neue Wege zu eröffnen. Nur ungehemmtes, schäumendes Leben verfällt auf tausend neue Formen, Improvisationen, erhält *schöpferische Kraft*, korrigiert selbst alle Fehlgriffe. Das öffentliche Leben der Staaten mit beschränkter Freiheit ist eben deshalb so dürftig, so armselig, so schematisch, so unfruchtbar, weil es sich durch Ausschließung der Demokratie der lebendigen Quellen allen geistigen Reichtums und Fortschritts absperrt.« Und gegen die von den Bolschewiki als die einzig wahre Vertretung der arbeitenden Massen hingestellten Sowjets, die anstelle von Vertretungskörperschaften fungierten, die aus allgemeinen Volkswahlen hervorgegangen wären, polemisierte sie: »Aber mit dem Erdrücken des politischen Lebens im ganzen Lande muß auch das Leben in den Sowjets immer mehr erlahmen. Ohne allgemeine Wahlen, ungehemmte Presse- und Versammlungsfreiheit, freien Meinungskampf erstirbt das Leben in jeder öffentlichen Institution, wird zum Scheinleben, in der die Bürokratie allein das tätige Element bleibt. Das öffentliche Leben schläft allmählich ein, einige Dutzend Parteiführer von unerschöpflicher Energie und grenzenlosem Idealismus dirigieren und regieren, unter ihnen leitet in Wirklichkeit ein Dutzend hervorragender Köpfe, und eine Elite der Arbeiterschaft wird von Zeit zu Zeit zu Versammlungen aufgeboten, um den Reden der Führer Beifall zu klatschen, vorgelegten Resolutionen einstimmig zuzustimmen, im Grunde also eine Cliquenwirtschaft – eine Diktatur allerdings, aber nicht die Diktatur des Proletariats, sondern die Diktatur einer Handvoll Politiker, d. h. Diktatur im rein bürgerlichen Sinne, im Sinne der Jakobinerherrschaft (das Verschieben der Sowjetkongresse von drei Monaten auf sechs Monate!).«

Mehr als zwanzig Jahre nach der Niederschrift dieses Dokuments veröffentlichte Willi Münzenberg am 10. März 1939 in seinem politischen Testament die Forderung, den antifaschistischen Kampf so zu organisieren, daß die Opfer nicht vergebens fallen, und fügte die Kritik an einer Leitung der Partei hinzu, die sich trotz aller Niederlagen seit 1933 unfehlbar und unersetzbar dünkte, und die Mahnung, bei künftigen Entwicklungen »ein Abgleiten des Revolutionsprozesses in eine bürgerliche Kapitulationspolitik (1918) oder in die Herrschaft eines unkontrollierten Parteiapparates über die Arbeiterklasse zu verhindern«. (Vgl. ND, 23./24. 6. 1990.)

Der erweiterten und in sich erneuerten Ahnenreihe Traditionen verkörpernder Namen entspricht die veränderte Beschäftigung mit dem Inhalt des Erbes, das wir aufnehmen. Statt einer einzigen, immer mehr auf Kommunistisches sich verengenden Linie sehen wir eine Vielfalt sozialistischer, sozialdemokratischer, kommunistischer, pazifistischer und christlicher Auffassungen und Vereinigungen. Deren Erfahrungen sowohl in ihrem auf Reformen zielenden Vorgehen als auch in ihrem revolutionären Gehalt interessieren uns. Auseinandersetzung zu den daraus entstehenden Fragen mit den Waffen des Geistes – Grund und Gegengrund – war und ist notwendig. Schärfe in der Polemik soll dabei nicht vermieden werden. Um größerer Klarheit willen wird sie gebraucht. Unduldsamkeit gegenüber einer von der eigenen Denkweise, Beweiskette, Schlußfolgerung abweichenden Stellungnahme aber muß strikt unterbleiben.

2 Umgang mit Mitkämpfern, Achtung vor Menschenleben

Schon vor dem Herbst des Jahres 1989 war mir bewußt und habe ich bei uns und auswärts – so beispielsweise in München im Dezember 1988 – ausgesprochen, daß das bisher vielfach nicht genau bekannte Schicksal der auf Grund falscher Anschuldigungen vón Berija-Leuten umgebrachten deutschen Kommunisten aufzuarbeiten ist. Eines aber hatte ich Männern wie Wilhelm Pieck, Otto Grotewohl und Walter Ulbricht zugute gehalten: daß es bei uns Anfang der 50er Jahre nicht zu Prozessen gekommen war, in deren Gefolge Mitkämpfer ermordet wurden, wie nach dem Rajk-Prozeß in Budapest, dem Kostoff-Prozeß in Sofia und dem Slansky-Prozeß in Prag. Diese Ansicht entsprach dem, was auch andere auf Grund von Darstellungen in unseren Geschichtsbüchern und mündlichen Übermittlungen zu wissen glaubten. Schlimm genug, daß es ungerechtfertigte Verhaftungen gab, deren Opfer nach der Freilassung rehabilitiert wurden – und das oft nach Verstreichen langer Zeit und halbherzig. Doch immerhin, so meinte ich: Todesopfer haben die Leute bei uns an der Spitze bewußt abgewendet.

Inzwischen habe ich die am 9. März 1990 in der Beilage zur Wochenzeitung *Das Parlament* »Aus Politik und Zeitgeschichte« veröffentlichten Briefe gelesen, die der frühere stellvertretende Vorsitzende der KPD in der Bundesrepublik, Kurt Müller, am 31. Mai und am 7. August 1956 an die Regierung der DDR gerichtet hatte. Aus denen geht hervor, daß Müller im März 1950 bei einem Besuch in Berlin willkürlich verhaftet wurde und im Laufe langwieriger »Vernehmungen«, die zu einem großen Teil Mielke führte, dazu gepreßt werden sollte, Aussagen zu machen, die denen in dem ihm von Rajk-Prozeß übergebenen Protokoll entsprachen. Man wollte den Prozeß, wie Müller schrieb, in Berlin kopieren. In einem Interview bezeugte Walter Janka, daß die Gefahr eines solchen Monsterprozesses auch für hier ansässige Genossen akut bestanden hat: »Beginnen sollte die Sache mit Paul Merker, der ja aus dem Politbüro ausgestoßen wurde. Wie in den Prozessen andernorts wollte man über so ein ›Einstiegstor‹ zu den nächsten Beschuldigten kommen. Zum Hauptangeklagten wäre wahrscheinlich Franz Dahlem geworden. Doch es kam dann nicht zum Prozeß, weil Stalin starb. Wenn der ein Jahr länger gelebt hätte, in der DDR wäre es zu einem Prozeß gekommen, der alles Vorausgegangene weit übertroffen hätte.« (Vgl. ND, 22. 6. 1990.)

Wut und Scham erfüllen uns, wenn wir Absichten von solcher Verwerflichkeit zur Kenntnis nehmen müssen. Für die PDS ein Grund mehr, sich um die Aufhellung möglichst aller Tatsachen dieser Art und ihrer Zusammenhänge zu bemühen, sich an den entsprechenden Untersuchungen, Befragungen und Forschungen aktiv zu beteiligen. Die Historische Kommission, die sich beim PDS-Parteivorstand gebildet hat, beabsichtigt mit dieser Zielsetzung, im November 1990 eine Konferenz zum Thema »Der Stalinismus in der KPD und SED – Wurzeln, Wirkungen, Folgen« zu veranstalten.

Der mörderische Umgang mit eigenen Mitkämpfern wird da als extreme Erscheinung innerhalb eines ganzen Komplexes politischer Leitgedanken untersucht werden müssen, die auch in anderen Richtungen zu verfehltem und verbrecherischem Handeln führten. Dabei gibt es eine Reihe zum Teil »kniffliger«, lange umgangener Fragen, auf die eingegangen werden muß, damit klarer wird, was uns in der Geschichte der Vorgängerinnen der PDS, was uns aus wichtigen Abschnitten der Vergangenheit unserer eigenen Bewegung bis heute nah geblieben oder neu nah geworden ist und was fern, fern auch im Sinne von fremd bzw. wovon wir uns mit Entschiedenheit abstoßen.

Hier einige solcher Fragen bzw. Themen: Das Verhältnis von KPD und KI in den 20er Jahren. Die KPD und die Demokratie von Weimar. Die Sozialfaschismusthese und ihre Folgen. Der antifaschistische Widerstand und seine »Anleitung« von außen. Die Gründung der SED – Zwangsvereinigung ja oder nein? Das Jahr 1948 und seine Auswirkungen, einschließlich des 17. Juni 1953. Die Problematik der vier Jahre zwischen dem 13. August 1961 und der 11. ZK-Tagung vom Dezember 1965. Zu Repressalien gegen deutsche Kommunisten in der UdSSR. Sowjetische Internierungslager nach 1945 auf deutschem Boden. Zur Unterdrückung der Opposition in der SED während der 50er Jahre. Die SED und die Perestrojka. Ideengeschichtliches zum Einfluß Stalins auf die Geisteswissenschaften. Das Verhältnis von Geschichtswissenschaft und SED. Für ein neues Geschichtsverständnis der PDS.

3 Gegen Stellvertreterkrieg mit Kunst(ver)urteilen

Das Präsidium unseres Parteivorstandes hat in einer am 13. Juni 1990 veröffentlichten Erklärung in aller Form die berüchtigten Beschlüsse des 11. Plenums des ZK der SED vom Dezember 1965 verurteilt: »Diese ZK-Tagung hatte ein Scherbengericht veranstaltet, an dem die Kunst und viele Künstler lange Zeit – und manche bis in die Gegenwart – gelitten haben. Den Auftakt dazu gab der Bericht des Politbüros, der von Erich Honecker erstattet wurde. Mit Hinweis auf einzelne kriminelle Handlungen und Erscheinungen von Rowdytum unter Jugendlichen wurden Filme, Theaterstücke, literarische Werke, Fernsehsendungen, populäre Musikrichtungen und Zeitschriften massiv angegriffen. Künstlern und Kulturschaffenden wurde unterstellt, die Bevölkerung, insbesondere die Jugend, mit ›nihilistischen, ausweglosen und moralzersetzenden Philosophien‹ zu vergiften. Damit ging ein Verbot von Kunstwerken in der DDR einher, von dem am folgenschwersten die DEFA-Spielfilmproduktion der Jahre 1965 und 1966 betroffen war.«

Die Tatsache, daß dieses Plenum unter Bedingungen des kalten Krieges stattfand, rechtfertigte nach Meinung des Präsidiums des PDS-Parteivorstandes in keiner Weise die Unterdrückung geistig-kultureller und künstlerisch-ästhetischer Bestrebungen in unserem Lande, die eine demokratische und politisch-moralische Erneuerung des Sozialismus zum Inhalt hatten.

Weiter wurde gesagt: »Der rüde Umgang mit der künstlerischen Intelligenz war in seiner Würdelosigkeit und beschämenden Unkultur zugleich Ausdruck der politischen Unsicherheit und Ratlosigkeit der damaligen Führung – ihrer Wut auf Standpunkte und Kunstwerke, die sehr zeitgemäß sozialistischen Idealen verpflichtet waren und leidenschaftlich jeglicher geistigen Borniertheit sowie dem Dogmatismus und Sektierertum den Kampf ansagten. Das 11. Plenum war ein stalinistischer Kristallisationspunkt der Intellektuellenfeindlichkeit und des tiefen Mißtrauens gegenüber Künstlern.

Die PDS verurteilt diese dem Wesen sozialistischer Politik zutiefst fremden Erscheinungen. Humane Sensibilisierung sozialer Verhältnisse und ständige kritische Begleitung aller politischen, gesellschaftlichen und historischen Entwicklungen durch die Künste sind für die Partei des Demokratischen Sozialismus ebenso notwendiges Korrektiv und geistiger Impuls wie die Produktivität, die aus kreativen Visionen und Utopien der Künste zu gewinnen ist.« (ND, 13. Juni 1990, S. 5.)

Ein interdisziplinäres Colloquium der Akademie der Künste zum selben Thema hatte als Motto ein Wort von Wolfgang Kohlhaase gewählt: »... eine politische Standortbestimmung im Kostüm einer Kunstdiskussion.« Wesentliche Anstöße zum Aufhellen der internationalen und außenpolitischen Koordinaten (z. B. Absetzung Chruschtschows, Oktober 1964), zum Zusammenhang mit ökonomischen Entwicklungen und wirtschaftspolitischen Debatten jener Zeit (mit weitestgehenden Reformvorschlägen) wurden gegeben.

Wie anderen Beteiligten geht es mir: Auch eigene Erinnerungen und Erfahrungen sind kritisch zu durchdenken. Das Wort, die Erneuerung erfordere vor allem, daß jeder sich persönlich prüft, bedeutet für mich, mich vor allem zu fragen, wie es kam, daß ich, als ich den am 5. Dezember 1965 im »Neuen Deutschland« veröffentlichten Artikel über Wolf Biermann schrieb, ohne etwas von dem Scherbengericht zu wissen, das zwei Wochen später auf dem Plenum losbrechen sollte, nichts davon ahnte, daß hier ein Stellvertreterkrieg mit Kunsturteilen, mit Verurteilung von Kunst in Gang gesetzt wurde? Zwischen diesem Vorgang und Biermanns Ausbürgerung 1976 liegen zwar elf Jahre und mit irgendwelchen Vorschlägen, Entschlüssen, Beschlußfassungen, Entscheidungen zu Biermanns Ausbürgerung hatte ich nichts zu tun. Der Artikel aber, den ich 1965 geschrieben hatte, erschien vielen auch über die lange Zeit hinweg im Kontext mit dieser Maßnahme. Ich hatte mich von Verketzerungsstimmungen anstecken lassen. Zwei, wie mir bewußt geworden ist, untaugliche Verfahren habe ich angewandt: erstens einzelne poetische Zeilen überinterpretiert und zweitens, statt streng beim Werk zu bleiben, vom Werk auf den Autor gezielt (abgesehen davon, daß ich mir – drittens – weihrauchwedelnde Anfangsabsätze aufschwatzen ließ). In späteren Jahren, als ich im Ministerium für Kultur für Werke wie Volker Brauns »Hinze-Kunze-Roman« eintrat, die Abschaffung zensurähnlicher Praktiken bei der Erteilung von Druckgenehmigungen einleitete, als ich in der Generalversammlung des PEN-Zentrums für eine Resolution zugunsten Vaclav Havels Freilassung aus der Haft stimmte, wurde ich selber Zielscheibe von Verketzerungen, nur in anderer Form: der von Maßregelungen.

Hiermit ist zur Sprache gebracht, wie es aussah, wenn es sich zuspitzte. Worin sehe ich die aus alltäglicher kulturpolitischer Arbeit zu ziehenden Schlußfolgerungen? Ich meine, daß in unserem Denken, Reden und Tun solche Kategorien wie Bild, Entwurf, Modell, Konzept, Konzeption, Ziel, Programm, Plan, Grundsatz, Leitsatz, Direktive, Lenken, Leiten, Führen eine übertriebene Rolle spielten, während wir uns zuwenig damit beschäftigten, Tatsachen festzustellen, Lagen zu beurteilen, Ursachen zu erforschen, Voraussetzungen und Bedingungen fürs Realisieren von Vorhaben zu erkunden. Das gilt für alle Lebensbereiche, auch für Kultur und Kunst.

Sich nun etwa aufs Analysieren und Untersuchen zu beschränken, soll das nicht heißen. Denn ohne Visionen und Utopien kein Fortschreiten von dem, was ist. Ohne Visionen und Utopien keine Kunst. Notwendig erscheint aber, den Anteil höher zu achten, den die Literatur und die anderen Künste geleistet haben und weiter zu leisten imstande sind, um Erlebnisse und Erfahrungen, Stimmungen und Meinungen, Hoffnungen, Erwartungen und Wünsche, Befürchtungen und Ängste, Sorgen sowie Genüsse und Freuden, die die Menschen wirklich haben, zu erschließen.

Den faßbaren Beispielen seien einige übergreifende Gedanken zum Verhältnis von Gegenwärtigem und Vergangenem angefügt.

Eine Kritik Christoph Dieckmanns aufgreifend, halte ich es für richtig, nicht von Geschichtsbewältigung zu reden. Denn geht es etwa darum, kann es überhaupt darum gehen, in der Vergangenheit liegende Ereignisse zu »bewältigen«? Oder sind wir nicht aufgerufen, immer neu die Geschichte und die am Geschehen Beteiligten in den Quellen oder, sofern sie noch leben, in direkter Begegnung zu befragen – nach Motiven, Verläufen, Erfahrungen, Lehren?

In unserer Erregung über die subjektive Seite des geschichtlichen Handelns und der Handelnden dürfen wir die objektiven historischen Voraussetzungen nicht aus dem Blick verlieren. Wer zum Beispiel die Jahre 1945 im Osten Deutschlands betrachten will, ohne die wirtschaftliche Lage im Gefolge des Krieges (hohe Reparationsleistungen und keine Marshallplanhilfe, um nur zwei der einflußreichsten Faktoren zu nennen) zu berücksichtigen, der wird zur Wahrheit nicht vorstoßen.

Wesentlich wird für uns bleiben, die Gleichsetzung von Hitlerismus und Stalinismus zurückzuweisen. Aus zwei Gründen. Der erste sei mit Worten Walter Jankas benannt: »Stalinismus ist nicht dasselbe wie Faschismus. Stalinismus heißt Deformierung und Mißbrauch des sozialistischen Gedankengutes. Das hat sich zum Schaden für eine Alternativgesellschaft ausgewirkt – mit den Folgen, die heute bekannt sind.

Der deutsche Faschismus war das Resultat der Weimarer Zeit, in der man den Zweiten Weltkrieg bereits vorbereitete. Mit dem Faschismus wollten genau diese Kräfte auf kürzestem Weg zur Weltherrschaft.

Neben allen anderen Unterschieden, die zu benennen wären: Der Faschismus propagiert den staatlich sanktionierten Völkermord. Das hat der Stalinismus – ich will ihn damit überhaupt nicht verteidigen – jedenfalls nicht getan. Daß es in der Realität dann zu ähnlichen Folgen kam, ist etwas anderes. Also es gibt da prinzipielle Unterschiede, man darf beides nicht einfach über einen Kamm scheren.« (ND, 22. Juni 1990, S. 10.)

Den zweiten Grund, die Gleichsetzung stalinistischer Verzerrungen mit dem Hitlerfaschismus abzulehnen, sehe ich in vielem, was uns umgibt. Der Hitlerkrieg hat Deutschland in Schutt und Asche gelegt. Jetzt stehen in Deutschland auch in seinem östlichen Teil trotz der hier durch bürokratisch-zentralistische Methoden verursachten Rückstände zahlreiche Produktions-, Wohn- und Kulturstätten, die Freude bereiten. Das über dem Ärger wegen des daneben anzutreffenden Häuserverfalls einfach zu vergessen, uns sozusagen wie Leute aus einem »abgebrannten Haus« zu sehen, hieße, die jahrzehntelangen großen Leistungen von Millionen Menschen zu leugnen oder zu mißachten, es hieße, die Unwahrheit zu verbreiten und das Selbstbewußtsein der hier tätigen Männer und Frauen anzugreifen.

Die niederträchtigen Attacken derer, die bei uns alles und jedes »marode und desolat« schelten, um alles und jedes zu Schleuderpreisen an Betriebe, Institutionen und Personen von auswärts zu verhökern, müssen zurückgewiesen werden. Daß die Wendung »marode und desolat« aus derselben Kiste des Stumpfsinns stammt wie die einst ewig wiederholte Floskel »stabil und dynamisch«, sollte das nicht auch offen ausgesprochen werden, obwohl diese Verwandtschaft den Benutzern solchen Vokabulars unwichtig sein wird, weil deren einziger nicht stumpfer Sinn sich auf persönlichen Vorteil spitzt?

Bei der Zurückweisung unberechtigter Attacken lauert auch eine Gefahr: daß wir uns verschließen oder zumindest nicht aufgeschlossen genug sind gegenüber ganz und gar gerechtfertigter Kritik an Erscheinungen der Gegenwart und Vergangenheit. *Den* Gefallen sollten wir niemandem tun: daß wir uns in unserem Erneuerungswillen lähmen, in der Erneuerung bremsen lassen!

Angesichts der im Frühjahr 1990 angelaufenen Kampagne zur Ausschaltung eigenständiger Wissenschaft, Literatur, Kunst und Medien in Berlin, Mecklenburg und Brandenburg, Sachsen-Anhalt, Thüringen und Sachsen mittels einer konzertierten Aktion von publizistischer Herabsetzung, finanzieller Erdrosselung und massenhaften Entlassungen scheinen Vorgänge wie das »Scherbengericht gegen Kunst und Künstler« auf der 11. ZK-Tagung der SED vom Dezember 1965 zur Marginalie zu schrumpfen. *Wir* sehen das *nicht* so, was das Damalige betrifft; wir stellen uns den Ereignissen von vor 25 Jahren in ihrem ganzen Ernst. *Das* allerdings ist unbestreitbar: daß tonangebende Kreise in Bonn, Frankfurt am Main und Hamburg mit ihren Attacken gegen Stefan Heym, Christa Wolf und andere, mit ihren zerstörerischen Aktionen gegen die in DDR-Zeiten gewachsene Rundfunk-, Fernseh- und Kulturstrukturen im Jahre 1990 gewissermaßen *ihr* »11. Plenum« inszenierten, das sie weiter zu zelebrieren trachten – größer, umfassender, durchschlagender als jegliche Muster. Man darf gespannt sein, was sie dazu im Jahre 2015 zu Protokoll zu geben haben werden.

Das 20. Jahrhundert hat sich nicht als das Jahrhundert des Übergangs vom Kapitalismus zum Sozialismus erwiesen. Aber der Sozialismus gehört zu diesem Jahrhundert. Er überschritt den Rahmen seiner zwei Existenzformen aus früheren Zeiten: als Idee und als politische Massenbewegung. Er bot den geistigen Anhaltspunkt und sozialen Inhalt des Bemühens, in der Realität alternative Strukturen zu kapitaldominierten Gesellschaften zu schaffen. Daß dabei Ansätze gelangen, die auch künftig Interesse verdienen, ist genauso unbestreitbar wie die Tatsache, daß im Ganzen der Versuch gescheitert ist. Das hat Folgen für die theoretischen und methodologischen Grundlagen marxistischen bzw. insgesamt sozialemanzipatorischen Geschichtsdenkens. Die PDS ist bemüht, sich dem wesentlich veränderten Bezugs- und Zeitrahmen zu stellen, der sich ergeben hat. Das Hauptinteresse gilt den globalen Problemen Friedenssicherung, Ökologie, Nord-Süd-Ausgleich, soziale Gerechtigkeit und Chancengleichheit, Überwindung von Chauvinismus, Rassismus und Militarismus, Respektierung von Minderheiten, also Humanisierung im weitesten Sinne.

Die KPD verstand sich als Sektion einer Weltpartei und diese wiederum als Avantgarde einer Weltrevolution in einem Jahrhundert mit zwei Weltkriegen, mit Weltwirtschaftskrisen, mit Weltkonflikten zwischen Kolonialmächten und kolonial ausgebeuteten Ländern, mit der Bipolarität zweier ökonomisch, politisch, militärisch und ideell gegensätzlicher Systeme.

Außerhalb dieses Bezugs wird Geschichtsaufarbeitung subjektivistisch und voluntaristisch. Zu fragen ist, wann und wo politischer Realismus waltete, wann und wo durch revolutionäres Streben motiviertes Handeln berechtigt oder zumindest erklärbar ist und wo demgegenüber linkes Abenteurertum einsetzt, wo eine Unterordnung der kommunistischen Bewegung unter tatsächliche oder vorgebliche sowjetische Staatsinteressen stattfand und eine Instrumentalisierung der kommunistischen Bewegung für stalinistische Willkürmaßnahmen.

Die PDS hat sich von einem Traditionsverständnis verabschiedet, das auf eine fast gradlinige Entwicklung vom Bund der Kommunisten über die revolutionäre Sozialdemokratie und die deutschen Linken zur KPD und von dort über den antifaschistischen Widerstand zur SED hinauslief.

Fortschritte bei der Erneuerung der PDS werden sich daran ablesen lassen, wie sehr wir uns von solchen vereinfachten Vorstellungen über die Vergangenheit der Arbeiterbewegung entfernen. Um so stärker wird uns die verpflichtende Nähe bewußt, wird die Nähe in der Tat dichter, die uns mit der Gesamtheit der Kräfte verbindet, die für Frieden, Demokratie und Sozialismus gekämpft haben und kämpfen.

Helga Adler

Abschied von der Partei neuen Typus. Die PDS auf dem Wege zu einer demokratischen sozialistischen Partei

Der Zusammenbruch des »realen Sozialismus«, die offene Konfrontation mit Unfähigkeit, Verbrechen und Amtsmißbrauch der Partei- und Staatsführung, eingebunden gewesen zu sein in ein System, das nicht, wie vorgegeben, den Interessen des Volkes, sondern simplen Macht- und Herrschaftsinteressen einer auch außerhalb der Partei abgehobenen Führungskaste diente, hat viele Mitglieder der SED schockiert und mit Scham erfüllt.

Es ist schwer, sich eingestehen zu müssen, nicht nur Opfer, sondern auch Täter gewesen zu sein. Denn schließlich bestand die SED nicht nur aus Opportunisten. Viele überzeugte Sozialisten, Kommunisten und Antifaschisten waren in dieser Partei, die sich mit großem Engagement und ihren Fähigkeiten für eine sozial gerechtere und fortschrittlichere Gesellschaft als Alternative zur Entwicklung in den westlichen, bürgerlich-kapitalistischen Ländern einsetzten.

Wie konnte es geschehen, daß – entgegen dem Willen der Mitgliedschaft – die SED-Politik letztlich zu reaktionärer Willkürherrschaft gerann, daß das nicht geringe kritische Potential innerhalb der Partei unfähig blieb, diese Entwicklung rechtzeitig zu verhindern und die längst überfällige Entmachtung der Parteiführung in die eigenen Hände zu nehmen?

Wir, die wir uns auf den Weg gemacht haben, aus der SED heraus eine neue sozialistische Partei – eine Partei des demokratischen Sozialismus – zu entwickeln, müssen uns der Auseinandersetzung nicht nur mit einem verfehlten Gesellschaftsmodell, sondern auch mit dem damit verbundenen Partei- und Politikverständnis stellen, das seine Vergröberung und Simplifizierung zwar durch Stalin erfuhr, dessen Wurzeln jedoch schon in den Leninschen Vorstellungen von Rolle und Typ einer kommunistischen Partei wurzeln.

Man kann nicht umhin festzustellen, daß die von Lenin entwickelten Vorstellungen von der »Partei neuen Typus« aus einer Zeit stammen, da der bürgerliche Parlamentarismus international noch schwach ausgeprägt war, schon gar nicht in Rußland, wo ein zaristisches Regime alle emanzipatorischen Bewegungen unterdrückte und die Sozialdemokratie in die Illegalität verbannte. Das Fehlen jedweder Erfahrungen mit bürgerlicher Demokratie und die historische Situation, daß ausgerechnet in dem rückständigsten europäischen Land mit einer äußerst gering entwickelten Arbeiterklasse die Partei der Bolschewiki die Macht eroberte, hat wesentlich dazu beigetragen, ein Parteienverständnis zum allgemeingültigen Dogma der kommunistischen Parteien zu erheben, das von einer avantgardistischen Rolle der Partei ausgeht, die die Einsicht in die gesellschaftlichen Gesetzmäßigkeiten den Massen voraus hat und ihr die Legitimation für Herrschaft der Minderheit über die Mehrheit verleiht.

Dieser elitäre Ansatz im Denken Lenins und die daraus entwickelte Anmaßung der Partei, die Interessen der Arbeiterklasse und schließlich des ganzen (dummen) Volkes stellvertretend wahrzunehmen, hat zweifellos unter Stalin seine gefährlichste Ausprägung erfahren. Mit dem als »struktureller Stalinismus« bezeichneten Gesellschaftssystem verbindet sich die Durchsetzung eines hierarchischen und patriarchalischen Ordnungsprinzips, das die sozialistische Gesellschaft als von der Partei zu gestaltendes, zu lenkendes und zu kontrollierendes System betrachtet. Partei und Staat wurden faktisch gleichgesetzt. Jeder einzelne wie jede Organisation oder andere Partei hatte die Führungsrolle anzuerkennen und sich ihr unterzuordnen. Zentral gelenkt, kam der Parteiführung eine herausragende Rolle zu (was Führerkult implizierte), die – durch einen selektiv korrumpierten Apparat abgestützt – dazu führte, daß gesellschaftliche Interessen zunehmend nur noch aus dem Verständnis und Machterhaltungsinteresse dieser Elite definiert wurden.

Dem entsprach die innere Strukturierung der SED, deren 2,3 Millionen Mitglieder einem straffen und disziplinierten Organisationsprinzip, dem sogenannten »demokratischen Zentralismus« unterlagen, der wesentlich darauf gerichtet war, den innerparteilichen Meinungsbildungsprozeß zu kanalisieren, die Führung der Kontrolle und Kritik zu entziehen und dem hauptamtlichen Parteiapparat das Informations- und Entscheidungsmonopol zu gewährleisten.

Der Anspruch, einmal und für alle Zeiten im Besitz der einzigen wissenschaftlichen Gesellschaftstheorie zu sein, mündete in dogmatische Abschottung von progressiven Entwicklungen und Denkansätzen, die in den kapitalistischen Ländern gesellschaftlichen Fortschritt hervorbrachten. Im Gegensatz zu Marx, der aus den fortschrittlichsten Ideen seiner Zeit schöpfte, sie aufnahm und weiterentwickelte, erstarrte die wissenschaftliche Theorie zur »Lehre«.

Kritik und Opposition innerhalb der Partei nicht wirksam werden zu lassen wurde in der DDR insbesondere mit der neuen Politik unter Gorbatschow zwar immer schwieriger, funktionierte aber. Die Einbindung der Mitglieder in die Parteistrukturen, die durchaus verinnerlicht wurden, das Totlaufen im oder aber auch die rigorose Disziplinierung durch den Apparat machte ohnmächtig und ließ viele auf eine (unsinnige, weil die Strukturen nicht verändernde) »biologische« Lösung hoffen.

Der Zusammenbruch des alten Gesellschaftsmodells im Herbst 1989 war zugleich auch ein Zusammenbruch des bisherigen Parteienmodells kommunistischer Prägung. Beide haben sich als historische Sackgasse erwiesen. Die Teilnahme vieler Mitglieder der SED an den Bürgerbewegungen und ihren Aktionen, der Sturz der Parteiführung durch die Basis war der Beginn einer Emanzipation der Parteimitglieder und der spontanen Demokratisierung von unten. Der hauptamtliche Apparat – seiner alten Führung beraubt – erwies sich in dieser Situation als hilf- und kompetenzlos, gleichwohl mit einem nicht zu unterschätzenden Beharrungsvermögen ausgestattet.

Die Entwicklung der SED zur SED-PDS und schließlich zur PDS ist ein Prozeß, der wesentlich auf den Druck und die Initiative der Parteibasis zurückzuführen ist. Innerhalb kürzester Zeit entwickelte sich ein Meinungspluralismus in der Partei, der sich seit November/Dezember 1989 in der Bildung verschiedener Plattformen, wie »Dritter Weg«, »Demokratischer Sozialismus«, und »Kommunistische Plattform« organisatorische Zusammenhänge schuf.

In ihrem Entstehen spiegeln sich nicht nur die unterschiedlichen traditionellen Ansätze innerhalb der SED, sondern auch die Suche nach einer neuen Identität, nach sozialistischen Alternativen zur bisherigen Entwicklung, aber auch die Frage, wie und ob sich aus der SED heraus eine neue sozialistische Partei entwickeln kann, wider.

Der Sonderparteitag im Dezember 1989 entschied sich, aus der Verantwortung der SED für die Krise der Gesellschaft heraus den komplizierten und nicht unumstrittenen Weg der tiefgreifenden Erneuerung der Partei hin zu einer Partei des demokratischen Sozialismus zu gehen. Das bedeutete auch einen grundsätzlichen Bruch mit dem alten Partei- und Politikverständnis.

Eine sozialistische Politik, die ihre Existenz aus ihrem Beitrag zur Durchsetzung von sozialem Fortschritt und solchen gesellschaftlichen Verhältnissen begreift, in der die freie Entfaltung eines jeden Bedingung der freien Entwicklung aller ist, kann nur Teil – nicht Vorhut – einer breiten demokratischen Strömung und linken Sammlungsbewegung sein, die über einen pluralistischen Meinungsbildungsprozeß Einfluß auf die Gestaltung der zukünftigen Gesellschaft nimmt. Das heißt, eine Partei des demokratischen Sozialismus, so wie wir sie verstehen, muß selbst zutiefst demokratisch verfaßt und für den politischen Diskussions- und Meinungsbildungsprozeß offen nach innen und außen sein. Deshalb ist für uns die Demokratisierung unserer Partei eine der wichtigsten Säulen der Erneuerung, dessen Durchsetzung mit darüber entscheidet, ob es uns gelingt, aus der SED heraus eine neue, moderne sozialistische

Partei zu konstituieren. Bei aller sichtbaren Erneuerung der PDS befindet sie sich natürlich noch in diesem schmerzhaften und schwierigen Prozeß, in dem übernommene Parteistrukturen überwunden werden müssen und neue Organisationsformen sich herausbilden und erprobt werden.

Natürlich beinhaltet allein schon der Tatbestand, daß diese Partei nicht nur ihr Monopol in der Gesellschaft, sondern ihre Funktion als Staatspartei verloren hat und sich zudem als Oppositionspartei in einem bürgerlich-parlamentarischen System bewegen muß, die Notwendigkeit und zugleich die Chance, sich grundlegend zu erneuern.

Als Partei offen nach innen und nach außen zu sein, heißt einander ergänzende gesellschaftliche Momente aufzunehmen, die uns wichtig erscheinen für die Entwicklung einer modernen sozialistischen Partei, die sich adäquate Organisationsformen zu der sich weiter differenzierenden Gesellschaft schaffen will.

Wir sehen es gerade auch aus den negativen Erfahrungen der Vergangenheit als wichtig an, daß sich die Partei so strukturiert, daß sie die Potenzen, die Kreativität und die Initiative ihrer Mitglieder zum Tragen bringt. Verschiedene Interessen müssen artikuliert und vertreten, Formen, Mechanismen und Strukturen eingeführt werden, die den demokratischen Meinungs- und Willensbildungsprozeß von der Basis her ermöglichen, ja herausfordern. Das heißt, hauptamtliche Tätigkeit, die immer die Tendenz zur Verwaltung von Politik beinhaltet, wird bei uns auf ein Mindestmaß reduziert und nur dazu dasein, der breiten gesellschaftlichen Mitarbeit der Basis die notwendigen Rahmenbedingungen zu geben.

Demokratische Teilhabe und Transparenz der Entscheidungsprozesse in der PDS zu organisieren ist einem anhaltenden Druck aus der Parteibasis geschuldet und bringt immer wieder neue Formen hervor, die über das erst im Februar angenommene Statut hinausreichen. Das betrifft sowohl die grundsätzliche Öffnung der Tagungen der Parteivorstände als auch die Herausbildung und die Rechte neuer Organisationsstrukturen in der Partei.

Seit Beginn dieses Jahres haben sich in unserer Partei, zunächst spontan und zunehmend durch die Parteivorstände gefördert, neben den erwähnten Plattformen eine Vielzahl von Arbeitsgemeinschaften und Interessen- sowie Initiativgruppen gebildet. Sie sind nicht nur neue, sondern meines Erachtens nach auch perspektivisch wichtige Organisationsformen, weil sie einen stärkeren Bewegungscharakter in die Partei hineintragen. Solche Arbeitsgemeinschaften, wie die der Jungen GenossInnen, der Frauen »Lisa«, der Schwulen- und Lesbenpolitik, der ChristInnen, aber auch Interessengemeinschaften von Künstlern, Wissenschaftlern, Ärzten und anderen Gruppen der Intelligenz, die Arbeitsgemeinschaft »Betrieb und Gewerkschaften« sowie thematisch ausgerichtete Arbeitsgemeinschaften (Dritte Welt, Entmilitarisierung u. a.) sind Organisationsformen, in denen spezifische Interessen (auch von Minderheiten) artikuliert und vertreten werden können und dem neuen demokratischen und pluralistischen Verständnis einer Partei des demokratischen Sozialismus eine entsprechende Struktur verleihen.

Das Arbeiten in diesen Arbeits- und Interessengemeinschaften wie auch den Plattformen, soweit sie noch innerhalb der Partei arbeiten, gibt den Parteimitgliedern die Möglichkeit, ihre spezifischen Kenntnisse, ihr Wissen und ihre Erfahrungen auf den verschiedenen Tätigkeitsfeldern aktiv in die Politik der Partei einzubringen und so Einfluß zu nehmen. Im Statut vom Februar 1990 sind deshalb diese Organisationsformen mit einem eigenen Antrags- und Vorschlagsrecht ausgestattet worden. Inzwischen gibt es bereits darüber hinausgehende Vorstellungen, den Arbeitsgemeinschaften möglicherweise die vollen Rechte von Basisorganisationen zuzuerkennen. Dazu hat auch beigetragen, daß durch die weitestgehende Auflösung der Betriebsparteiorganisationen und die Organisierung in den Territorialstrukturen die berufsspezifischen Zusammenhänge verlorengehen und viele der GenossInnen sich in den Arbeits- und Interessengemeinschaften mit ihren Bedürfnissen stärker angesprochen fühlen.

Neben der pluralistischen Ausprägung geben diese neuen Organisationsformen der PDS nicht nur einen stärkeren Bewegungscharakter und eine größere Lebendigkeit. Wir sehen in diesen Organisationsformen auch die bisher ausgeprägteste Möglichkeit, die »Exklusivität«, das Abgeschottetsein einer Partei zu durchbrechen und sich nach außen zu öffnen. Initiativ- und Interessengruppen, Arbeitsgemeinschaften und Plattformen betrachten wir als Vermittlungselemente einer modernen sozialistischen Partei zu Sympathisanten, zu den demokratischen und sozialen Bewegungen und solchen Gruppen, die nur punktuelle Übereinstimmungen mit uns haben. Die Mitarbeit in ihnen steht auch Nichtmitgliedern der Partei offen. Die Arbeitsgemeinschaft Junge GenossInnen beispielsweise besteht gegenwärtig nur zu einem Drittel aus Parteimitgliedern.

Mit diesen neuen, offenen Organisationsformen den Bewegungscharakter der Partei zu betonen und die Öffnung zu allen progressiven Kräften zu ermöglichen, ist u. E. eine Form der produktiven Verarbeitung unseres Scheiterns und von Vergangenheitsbewältigung. Der Abschied von den starren, disziplinierenden Strukturen der SED, die das eigene Denken, die Individualität und Kreativität ihrer 2,3 Millionen Mitglieder nicht nur nicht nutzte, sondern unterdrückte, Opportunismus und Anpassung abforderte, ist zugleich eine große Chance, ein neues Verständnis von einer sozialistischen Partei zu erarbeiten, das die Erfahrungen der neuen demokratischen und sozialen Bewegungen in sich aufnimmt, den Individualisierungstendenzen in den modernen Gesellschaften Rechnung trägt und ihnen in der Partei Raum gibt.

Wenn es so sein sollte, daß die demokratischen Bürgerbewegungen die politischen Organisationsformen des 21. Jahrhunderts sein werden (Conrad Weiß), dann sollte eine sozialistische Partei, die heute und in die Zukunft hinein wirken will, beides, Partei und Bewegung, sein und produktiv miteinander verbinden.

Wir stehen hier erst am Anfang. Mit den noch ungenügenden Erfahrungen werden wir sicher auch Fehler nicht ausschließen können. Die westdeutsche linke Kultur ist wesentlich reicher an Erfahrungen mit den verschiedenen Formen demokratischer Interessenvertretung.

Ich stimme Mechthild Jansen zu, wenn sie sagt, daß nicht bloß Einheitlichkeit (gedacht als Uniformität), sondern auch Vielfalt die Stärke der Linken und ein Ausdruck menschlicher Produktivität ist (*Sozialismus* 2/90).

Wenn denn nun schon die deutsche Einheit so rasch über uns kommt, dann sehe ich zumindest für den Erneuerungsprozeß in der PDS darin eine Chance, die Erfahrungen der westdeutschen Linken noch unmittelbarer aufzunehmen und produktiv verarbeiten zu können. Sollte es dabei nicht möglich sein, die unterschiedlichen Stärken linker Bewegungen in den bisherigen beiden deutschen Staaten für den Beginn des Dialogs und der Zusammenarbeit des so differenzierten linken Spektrums zu nutzen?

Michael Brie/Dieter Klein

Das Ende des administrativen Sozialismus Chancen für eine neosozialistische Bewegung

1

»Der Sozialismus ist tot. – Es lebe der Kapitalismus!« Viele sind geneigt und allzu offenkundig interessiert, die Entwicklung des letzten Jahres auf diese knappe Formel zu bringen. Der Sieg des westlichen Gesellschaftssystems scheint absolut und vollkommen. Jede nur gedachte Alternative über bisherigen Sozialismus und die gegebenen westlichen Gesellschaften hinaus wird in das Reich der Spintisiererei von einem Dritten Weg nach Utopia, ins Land Nirgendwo, verwiesen. Der Ausbruch der Sowjetunion 1917 und nach 1945 der VR Chinas und anderer Länder, insgesamt zeitweise von einem Drittel der Weltbevölkerung, aus dem sich mit der Gewalt von Weltwirtschaft und Weltkriegen ausbreitenden kapitalistischen Wirtschaftsweise geht seinem Ende entgegen. An die Stelle zweier offenkundig gegensätzlicher Systeme tritt ein globales Feld der Produktion, Distribution und Konsumtion, das von einheitlichen übergreifenden Gesetzmäßigkeiten beherrscht wird.

So überzeugend die Argumente vom »Sieg des Kapitalismus« auch zu sein scheinen – es bleibt ein schaler Geschmack: Wird nicht auf neue Weise ideologisiert? Ist mit der faktischen Selbstauflösung des Ostblocks den westlichen Gesellschaften nicht plötzlich die Fähigkeit zur Selbstkritik verloren gegangen? Ist überhaupt der im Systemwettstreit errungene historische »Sieg« über den »real existierenden Sozialismus« ein überzeugendes Kriterium für die Zukunftsfähigkeit der kapitaldominierten Gesellschaften? Ist dessen in vieler Hinsicht belegtes Besser-Sein ein der Gegenwart und Zukunft angemessenes

Gut-Sein? Oder sind am Ende des ausgehenden 20. Jahrhunderts nicht doch andere Kriterien als die des Vergleichs mit autoritären administrativ-zentralistischen Gesellschaften maßgebend?

Ein Blickwechsel weg vom deutsch-deutschen Bauchnabel und selbst weg von der Nord-West=Nord-Ost-Achse der Welt tut not. Die Welt sieht anders aus, wenn man sie vom Standpunkt der großen Mehrheit der Erdbevölkerung und ihrer Zukunft betrachtet.

Die Niederlage des administrativen Sozialismus zumindest in Ostmittel- und Südosteuropa ist allgemein und endgültig. In nur wenigen Monaten haben sich die Machtverhältnisse in allen sozialistischen Ländern des Warschauer Vertrages grundlegend verändert. Eine beispiellose und in dieser Weise völlig unerwartete demokratische Welle hat eine ganze Epoche der Systemauseinandersetzung zwischen Kapitalismus und »realem Sozialismus« beendet.

Die zentralistisch-administrative Struktur dieses »Sozialismus« konnte die ursprünglichen Ideale des Sozialismus nicht zur Geltung bringen. Das ist tragisch. Doch ist das Ende dieses Systems eine Chance. Der Zusammenbruch des osteuropäischen Machtsystems antikapitalistischer verstaatlichter Gesellschaften hat die Frage »Was nun?« nur noch drängender auf die Tagesordnung gesetzt. Vorbei sind nun die Jahre, in denen die Richtungsbestimmung von West- und Osteuropa im Gegensatz zueinander erfolgen konnte, in denen sich die konservativen Repräsentanten der Machtstrukturen einer Gesellschaft durch das Wirken ihrer feindlichen Brüder im entgegengesetzten Lager zu rechtfertigen vermochten.

Angesichts der sich mit ungeahnter Geschwindigkeit zuspitzenden globalen Probleme von Überrüstung, Ökologie und Dritter Welt, der auf Hochtouren laufenden neuen wissenschaftlich-technischen Revolution und nun des Aufbruchs der Völker des »realsozialistischen« Systems und der neuen demokratischen und sozialen Bewegungen ist Besinnung und Selbstbesinnung eine Tagesforderung. 45 Jahre nach dem Ende des Zweiten Weltkriegs ist Bilanz zu ziehen.

Heute sind Wirtschaft, Politik und Kultur globale Prozesse. Vor allem aus der Konfrontation der Systeme und zunehmend aus dem heftigen Wettbewerb der Hauptzentren der Weltwirtschaft sind Tendenzen erwachsen, die die Existenz der Menschheit im Zeithorizont der heute lebenden Generationen bedrohen und real die Mehrheit der Menschen schon jetzt von der Teilnahme an der zivilisatorischen Entwicklung faktisch ausschließen. Dahinter verbergen sich die Anomien einer kapitalistisch dominierten modernen Welt.

Welches der heute stehenden globalen Probleme man auch nimmt – immer sind Verursachung, Hauptverantwortung und Fähigkeit zur Lösung einerseits und die eigentliche erlebbare Betroffenheit andererseits auf der Nord-Süd-Achse und im Zeithorizont von Gegenwart und Zukunft verteilt. Die Länder des administrativen Sozialismus, des bisherigen Warschauer Vertrages, der 2. Welt der Nachkriegsära, sind dabei in einer Zwischenstellung. Sie sind einerseits durch die von ihnen stark mitverursachten Rüstungswettlauf, Umweltzerstörung, Unterentwicklung selbst hart betroffen und durchaus mit Entwicklungsländern vergleichbar. Andererseits haben sie teilweise bessere Voraussetzungen, aktiv zur Lösung beizutragen und ihr weltpolitisches Gewicht einzusetzen. Dies gilt vor allem für die Sowjetunion und China.

2

Das Wort vom Ende des Sozialismus basiert auf einer grundlegenden Fehlidentifikation. Es wird völlig vergessen, daß »Sozialismus« eine dreifache Bedeutung besitzt:

Erstens ist Sozialismus eine breite geistige Strömung von Ideen, Werten und Theorien, die nach der großen Französischen Revolution und während der Industriellen Revolution entstand. In ihr wird nach geistigen und moralischen Alternativen gesucht, um sie der kapitalistischen Verkehrung von Freiheit in Ausbeutung, Gleichheit in soziale Unterdrückung und Eigentum in Eigentumslosigkeit entgegenzustellen. Sich auf den Boden der revolutionären Errungenschaften des modernen bürgerlichen Zeitalters stellend, wurde gefragt, wie deren Verheißungen eingelöst werden können. Radikale Sozialisierung des Eigentums, radikale Demokratisierung der Macht und radikale Öffentlichkeit des geistigen Lebens waren und sind dabei Kernpunkte sozialistischer Ideen. Der lebendige Zusammenhang im Werte-Dreieck von Individualität, Solidarität und Gerechtigkeit trieb und treibt das kritische Bewußtsein voran. In klassischer Weise haben Marx und Engels im »Kommunistischen Manifest« sozialistisches Selbstverständnis formuliert: »An die Stelle der alten bürgerlichen Gesellschaft mit ihren Klassen und Klassengegensätzen tritt eine Assoziation, worin die freie Entwicklung eines jeden die Bedingung für die freie Entwicklung aller ist.«

Zweitens ist Sozialismus eine soziale Bewegung. Sie war die erste moderne soziale Bewegung überhaupt. Als solche hatte sie sich nach 1830 in England, Frankreich und später in Deutschland und einer Reihe anderer Länder herausgebildet. Objektives Ziel dieser Bewegung war die Lösung der sozialen Frage in den entwickelten kapitalistischen Ländern – der Partizipation der Arbeiterklasse an der wesentlich durch sie selbst hervorgebrachten gesellschaftlichen Entwicklung. Diese soziale Bewegung spaltete sich zu Beginn des 20. Jahrhunderts in einen sozialdemokratischen Flügel, der real die Integration der Arbeiterklasse in eine sozialstaatlich korrigierte und kapitalistisch beherrschte Marktwirtschaft anstrebte, und einen kommunistischen Flügel, der die Lösung der sozialen Frage durch die Beseitigung dieser Marktwirtschaft zu verwirklichen suchte. Ein staatlich organisierter Fabrik- oder Trust-Sozialismus schien zumindest als Durchgangsstufe unvermeidlich.

Drittens wird mit »Sozialismus« jenes Gesellschaftssystem bezeichnet, das sich primär in Ländern herausbildete, die an der Peripherie des entstehenden Weltkapitalismus ökonomisch, politisch und militärisch dessen Antagonismen in besonderer Weise zu spüren bekamen. Vorkapitalistischer Protest gegen ungeheure Verelendung, koloniale und halbkoloniale Abhängigkeit und der Versuch, sozialistisches Gedankengut der Sozialisierung mittels Verstaatlichung für eine Lösung dieser Probleme und einen eigenständigen schnellen Weg der Modernisierung einzusetzen – dies sind einige der Ursachen der Entstehung dieses Systems. Es ist welthistorisch gescheitert.

Seine Grundstruktur der zentralistischen Konzentration aller entscheidenden ökonomischen, politischen und geistigen Kräfte und die damit verbundene Enteignung aller Basissubjekte moderner gesellschaftlicher Entwicklung hat nach dem Zwischenergebnis einer halbierten Modernisierung in eine Sackgasse geführt. Die Ideologie dieses Sozialismus – der »Marxismus-Leninismus« – war durch folgende Grundzüge gekennzeichnet: Er basierte auf der Identifikation von Verstaatlichung mit Sozialisierung, von monopolistischer Macht einer zentralistisch organisierten Partei im Namen der Diktatur des Proletariats mit Demokratisierung und von Hineintragen verordneten Bewußtseins mit öffentlich erzeugter Bewußtheit.

3

Mit dem Scheitern des administrativen Sozialismus ist nicht *der* Sozialismus gescheitert. Nur wenn man nachweisen könnte, daß die Antagonismen einer kapitalistisch dominierten modernen Gesellschaft gelöst sind, wäre dies aufrechtzuerhalten. Gelingt dies nicht, dann ist es notwendig, 1. sich dem gegenwärtigen Inhalt dieser Antagonismen zuzuwenden und die sozialistischen Ideen, Theorien und Werte dementsprechend weiterzuentwickeln, 2. zu fragen, ob es soziale Bewegungen gibt, die zu einer progressiven Lösung dieser Antagonismen beitragen können, und 3. alle Formen gesellschaftlichen Wandels nach einem Gehalt zu befragen, der über die kapitalistische Herrschaftsstruktur hinausweist.

Unseres Erachtens ist an die Stelle des *ersten sozialen Problems* des 19. Jahrhunderts, der Lage der Lohnarbeiter industrieller Gesellschaften, heute die soziale Lage jener vier Fünftel der Menschen getreten, die in den Entwicklungsländern leben. Die Systeme der nationalen Sicherheit werden zwar zu verhindern suchen, daß die Benachteiligten unserer Erde die Metropolen belagern, wie es die Arbeiter des 19. Jahrhunderts in England oder Deutschland vermochten. Nur in den Wellen der Asylsuchenden begegnen wir ihnen bis jetzt. Aber wird dies so bleiben? Kann Politik noch länger vor allem als nationale Sicherheitspolitik begriffen werden, oder bedarf es nicht des realen und schnellen Übergangs zu einer Weltinnenpolitik in Wirtschaft, Ökologie, Recht, Kultur usw.?

Noch unsichtbarer aber ist ein *zweites soziales Problem*: Es ist der klaffende soziale Widerspruch zwischen den heute in den entwickeltsten Ländern lebenden Menschen und allen zukünftigen Generationen. Fast ohne Skrupel und mit ungeheurer Gier borgen wir Umweltkapital von den noch Ungeborenen, leben auf Kosten ihrer Existenzgrundlage, vernichten ihre Zukunft. Und niemand ist da, der diese zukünftigen Generationen vertritt. Sie sind keine Wähler und gehören nicht einmal zur Klientel. Sie stellen keine »pressure group« dar.

Völlig versteckt ist ein *drittes soziales Problem* – das der Unterordnung der Menschen unter jene technologischen, ökonomischen, sozialen, politischen und geistigen Systeme, mit deren Hilfe sie gerade in den industriell höchstentwickelten Ländern ihr Leben erhalten. Nur der ungeheure Reichtum dieser Länder erlaubt es überhaupt, diesen Widerspruch auszuhalten und die unermeßlichen Aufwendungen für Verkehr (Autos und Straßen, Flugzeuge), Konsum (Reklame und Verpackung), Wohnungen und Erholung (Städte, Datschen, Tourismus) u. a. m. zu tragen. Aber diese Lebensweise ist keinesfalls global zu verallgemeinern, auch wenn sie andere Völker in ihren letztlich ausweglosen Sog zieht. Und mehr noch: Sie parasitiert auf unseren eigenen Anstrengungen und macht uns zu Knechten dieser Systeme: Wir dienen ihnen mehr als sie uns. Der Anschluß der Länder des bisherigen administrativen Sozialismus ist in doppelter Hinsicht Kolonisation. Er unterwirft sie der kapitalistischen Weltwirtschaft und uns deren Gesetzen.

Damit wird eines klar: Nicht einmal vom Standpunkt weniger entwickelter Länder ließe sich überhaupt sagen, daß die großen sozialen Fragen gelöst oder doch Wege ihrer Lösung absehbar seien. Und es sind genau diese Länder, die die Erde in eine einheitliche Welt verwandelt haben. Die soziale Ungerechtigkeit zwischen Nord und Süd und Nord und den Generationen der Zukunft ist von ungeheurer Härte. Die Schaffung gleicher Lebenschancen im Vergleich zwischen den Wenigen in den entwickelten Ländern und der Mehrheit der heute lebenden Menschen und genauso der Unzähligen, die nach uns leben könnten, die Überwindung der kolonialisierenden Knechtung durch die Systeme des kapitalistischen Industrialismus sind die sozialen Fragen des 21. Jahrhunderts. Es gibt eine Kontinuitätslinie, die vom 19. Jahrhundert in das unsrige, nun ausgehende und in das folgende verweist. Gerade im erlebten Bruch mit dem administrativen Sozialismus wird sie erkennbar.

Die Schaffung wenigstens annähernd gleicher Entwicklungsmöglichkeiten, jene Hauptforderung des mit der Arbeiterbewegung verbundenen Sozialismus des 19. Jahrhunderts, ist heute aktueller als damals. Sie ist undenkbar ohne eine radikale Demokratisierung der realen wirtschaftlichen, politischen und Sicherheitsstrukturen im Weltmaßstab, ohne eine Beteiligung der Entwicklungsländer wie aber auch der verschiedensten neuen Bewegungen an der Gestaltung der Welt. Die neokonservative und neoliberale Deregulierung und Privatisierung globaler Zusammenhänge muß durch eine neosozialistische Demokratisierung überwunden werden.

Wenn Sozialismus nicht als administratives Herrschaftssystem, sondern als soziale Bewegung verstanden wird, in deren Mittelpunkt die Gleichheit der Lebensmöglichkeiten durch Sozialisierung der irdischen Lebensgrundlagen verstanden wird, dann ist der Sozialismus gemeinsam mit dem Demokratismus eine der beiden entscheidenden Bewegungen der Zukunft, ganz unabhängig davon, unter welchem Namen er auftreten wird.

Auf allen Ebenen und in ihrer Verflechtung ist eine Sozialisierung der Eigentümerfunktionen, eine Demokratisierung der Verfügung und eine höhere Freiheit des Wettbewerbs anzustreben. *Sozialisierung* kann durch Schaffung von zwingend bindenden globalen, regionalen, nationalen und kommunalen Rahmenverpflichtungen der Wirtschaft gegenüber den sozialen und ökologischen Fragen der Gegenwart erreicht werden. Dazu sind die Machtverhältnisse radikal zu verschieben, ist die marktbeherrschte Wirtschaft in eine Öko- und Sozialwirtschaft zu verwandeln. Die Bedingungen, zu denen frei gewirtschaftet werden darf, sind global bis kommunal primär nicht durch die Wirtschaft selbst, sondern tatsächlich durch die Mächte sozialer, ökologischer und kultureller Interessenvertretung zu bestimmen.

Demokratisierung verlangt die Schaffung kommunikativer öffentlicher und institutionell geregelter Räume des Diskurses und des Widerstreits. Die Betroffenen müssen sich in ökonomische, politische und geistige Verhältnisse stellen, die es ihnen ermöglichen, selbstbewußt, eigeninteressiert und eigenverantwortlich solche Formen der Bewegung der Interessenwidersprüche zu finden, durch die sie ihren solidarischen Fortschritt organisieren.

Freiheit ist mit dem Kampf gegen monopolistische Beschränkungen der Chancengleichheit, mit dem durchzusetzenden Höchstmaß an möglicher Dezentralisierung, Abbau von Hierarchien, Entwicklung netzartiger Kommunikations- und Kooperationssysteme u. a. m. verbunden. Der freie Wettbewerb der Individuen um Fähigkeitsentwicklung und soziale Anerkennung innerhalb der gesetzten sozialen und ökologischen Rahmenbedingungen und ihrer ständigen demokratischen Veränderung und konkreten Definition wird dabei mehr als je zuvor zu einem zentralen Wert. *Sozialisierung, Demokratisierung und freier Wettbewerb – dies sind Hauptströmungen der Zeit, die ins 21. Jahrhundert führen.*

4

Die Moderne ist nach Jahrhunderten an der Schwelle der Entscheidung zwischen komfortabler Hoffnungslosigkeit oder einer anderen Moderne angelangt. Was sind die Chancen für eine sozial und ökologisch orientierte, solidarische und also humanitäre Moderne, in der sich die ursprünglichen Ideale des Sozialismus, des Christentums und des Humanismus auf dem Wege eines konsequenten Demokratismus verwirklichen lassen?

– Der neue, ausgeprägt wissenschaftsintensive und gefahrenbeladene Produktivkrafttyp verlangt wachsenden sozialen Gruppen mehr Bildung, Selbstverantwortung, Kooperationsfähigkeit, Entscheidungsbereitschaft ab. Er birgt Tendenzen der Persönlichkeitsentwicklung statt der ursprünglichen Reduktion des Lohnarbeiters auf den bloßen Träger einfacher, auswechselbarer und ausgelieferter Arbeit. Dies gilt zunächst nur für Minderheiten in der kleinen Gruppe entwickelter Industrieländer. Doch diese tragen die Hauptverantwortung für eine überlebensfähige neue Zivilisation. Dort ist diese Tendenz eine Chance für neue soziale Bewegungen, neu orientierte Gewerkschaften und Parteien im linken Spektrum, um im Verlauf ihrer Kämpfe das neue Gewicht des »Humankapitals« für die Kapitalverwertung in einen sozialen Wertewandel hineinzunehmen, der den Menschen über den Profit stellt.

– Der neue postfordistische Akkumulationstyp – bestimmt durch Senkung des Kapitalaufwandes von lebendiger und von vergegenständlichter Arbeit pro Erzeugniseinheit, durch Verringerung der Investitionen im Verhältnis zum Nationaleinkommen, durch Produktion von mehr Profit mit weniger Kapital – ist einerseits der Zugang der Unternehmer zu härterer Rationalisierung mit dem Ergebnis chronischer Arbeitslosigkeit und ständigen Druckes auf die abhängig Beschäftigten. Die Monopolisierung dieses Akkumulationstyps in den entwickelten Industrieländern perfektioniert die Abhängigkeit der Mehrheit der Entwicklungsländer von den Metropolen. Das in der Produktion bei Überakkumulation nicht genügend profitabel angelegte Kapital bläht die internationalen Kapitalmärkte auf – Reserve für hochbewegliche Anpassung an Risiken und Strukturwandel und zugleich Basis für die Verstrickung der Entwicklungsländer in einen Mechanismus der Hochverschuldung und Reproduktion von Unterentwicklung. Doch andererseits bietet die Senkung der Kapitalintensität bisher ungekannte Möglichkeiten für den Einsatz von Ressourcen für tiefgreifenden Umbau auf sozialem und ökologischem Gebiet. Zwischen beiden Tendenzen wird durch die Entwicklung der gesellschaftlichen Kräfteverhältnisse in den politischen und sozialen Kämpfen unserer Zeit entschieden.

– Eine Chance für den Weg zu dominierendem Einfluß der demokratischen sozialen Bewegungen, der Gewerkschaften, der Verbraucherverbände, der Kommunen, Bürgerbewegungen und anderen gesellschaftlichen Akteuren besteht darin, daß die Kapitalverwertung selbst im Gefolge ihrer veränderten Voraussetzungen neue Kalküle in sich aufnehmen muß. Ökologischer Raubbau dient zwar kurzfristiger Verwertung einzelner Kapitale, belastet jedoch längerfristig die Unternehmenskosten und die Rentabilität, untergräbt die natürlichen Reproduktionsbedingungen des Kapitals selbst und wird zu politischem Sprengstoff ersten Ranges, wenn Mehrheiten sich genötigt sehen werden, ihre tödliche Bedrohung durch eigenes Handeln abzuwenden.

– Die Unterentwicklung in der Dritten Welt ist nicht ausschließlich, doch in beachtlichem Maße einem Einkommenstransfer aus den armen Ländern in die reichen und insbesondere in die Kassen der transnationalen Unternehmen geschuldet. Aber der Mechanismus der Unterentwicklung ist zugleich der Mechanismus der Umweltkrise auf dem größten Teil der Erde und bedroht von dort auch die Reproduktionsbedingungen des Kapitals in den Industrieländern. Die ökonomische Instabilität der Entwicklungsländer ist die Instabilität der Weltwirtschaftsbeziehungen und damit der Kapitalreproduktion. Die Repräsentanten des internationalen Finanzkapitals werden nicht selbsteinsichtig auf die Quellen ihres Reichtums in den Entwicklungsländern verzichten. Aber ihre eigenen Reproduktionsbedingungen machen sie druckanfällig für das

Verlangen der Entwicklungsländer nach Gerechtigkeit und machen die völkerrechtliche Verankerung eines Verhaltenskodex für transnationale Unternehmen und andere Konventionen wider die Unterentwicklung möglich.

– Rüstung bleibt für ihre Träger Zugang zu Profit und Macht. Aber sie schmälert durch ihre Kosten den Absatz der zivilen Erzeugnisse der weitaus meisten Unternehmen, engt durch Überkonzentration von Forschung und Entwicklung auf militärische Aufgaben und militärische Geheimhaltung das zivile Wachstumspotential ein, führt durch Staatsverschuldung und deren Verknüpfung mit der Bewegung der internationalen Kapitalmärkte zu wirtschaftlichen Instabilitäten, wirkt für die Verwertung des gesellschaftlichen Gesamtkapitals negativ und wird politisch immer deutlicher als irrational erkannt.

Zerstörerische Tendenzen und Zugänge zu neuer Verantwortung sind eng miteinander verflochten und fordern durch Gefahr und Chancen eine neue Intensität demokratischen Handelns vom Lebensalltag bis zur UNO heraus.

Doch die genannten Chancen für eine andere Moderne müssen erfaßt und gegen konservative Machtstrukturen realisiert werden.

Bisher treibt die Menschheit weiter auf eine Vertiefung der ökologischen Krise und auf die Reproduktion der Unterentwicklung mit ihren vernichtenden Folgen zu. Kriege dauern in den Entwicklungsländern an. Die Gleichstellung der Geschlechter ist nicht in Sicht. Was kann einen rettenden Aufbruch der Menschen zu einer Zivilisationswende bewirken?

Ausgeprägtheit liberaler politischer Kulturen und auf dieser Grundlage eine *neue Intensität von Kommunikation* als Weg zu moralischen Triebkräften, die so mächtig werden, daß sie die vorherrschende ökonomische und die staatlich-administrative Gewalt durch die *Gewalt der Solidarität* zu kompensieren vermögen – so lautet das Habermassche Konzept für eine neue Vernunft. Und das Medium ausgeprägter liberaler Kulturen ist wiederum selbst nur in vernünftigen Diskursen erreichbar.

Selbst in traditionsreichen bürgerlichen Demokratien ist dies ein weiter Weg, obwohl er sicher ein Hauptstrang zu einer Zivilisation in globaler Verantwortung ist. Liberale politische Kulturen sind schon gar nicht das Erbe des zentralistischen Sozialismus.

Welche Interessen und psychischen Dispositionen könnten gleichwohl viele Menschen dem Diskurs um neue Werte und Moralnormen so stark öffnen, daß tradierte ökonomische und politische Gewalten durch ihre praktischen Kämpfe konterkariert würden?

Die Erfahrungen deuten darauf hin, daß in der Regel erst die unmittelbar erfahrbare Negation elementarer Lebensinteressen der möglichen Akteure Anstoß für einen demokratischen Aufbruch in ihrem Handeln ist. Aber das Problem besteht darin, daß die am meisten Betroffenen (die Mehrheit der Bevölkerung in den Entwicklungsländern und in den Industriegesellschaften, die Arbeitslosen und die Verlierer im sozialen Abseits) am wenigsten handlungsfähig sind und daß die am meisten Handlungsfähigen in den entwickelten Ländern am wenigsten unmittelbar betroffen sind.

In dieser Lage könnte das Zusammentreffen von drei Grundmomenten unserer Zeit der Zugang zu zivilisationsumwälzendem Handeln sein: Das sind die globalen Gefahren, die erdumspannende Kommunikation und die Entfaltung einer aktionsfähigen öffentlichen Gewalt in Gestalt demokratischer Bewegungen, die die Grenzen des tradierten Parteiensystems überwinden. Die Existenzbedrohung jedes Angehörigen der Gattung Mensch oder zumindest seiner Kinder und Kindeskinder ist eine geschichtlich völlig neue Bedingung menschlichen Handelns. Sie fällt mit nie gekannter erdumspannender Information über die Gefahren unserer Zeit zusammen, die den nicht unmittelbar Betroffenen ihre tatsächliche Betroffenheit am Schicksal der direkt von den Gefahren Erreichten über die Medienkommunikation anschaulich macht und ihnen ermöglicht, Handlungsnotwendigkeiten (gerade noch) vorausschauend an breite Öffentlichkeiten so heranzutragen, daß die

Bedrohungen für alle erfaßbar werden, die in den entwickelten Ländern eine globale Umkehr vollziehen müßten.

Der Boden für entsprechendes Handeln ist vorbereitet: Demokratische Bewegungen wie die Friedensbewegungen haben ihren Einfluß bereits erprobt.

Wird in dieser Lage das Scheitern des zentralistischen Sozialismus in ein Massenbewußtsein des Festhaltens an der gegenwärtigen Verfaßtheit der westlichen Moderne umgesetzt werden? Das wäre verhängnisvoll. Oder ist die Lehre des Umbruchs im Osten, daß das demokratische Potential der Völker unmöglich scheinenden Gesellschaftswandel zu bewirken vermag, wenn ihnen entsprechender Handlungszwang bewußt wird?

Klaus Steinitz

Kann es eine soziale und ökologische Marktwirtschaft geben?

»Die Partei des Demokratischen Sozialismus tritt für eine Marktwirtschaft ein, weil sie einen raschen wissenschaftlich-technischen Fortschritt und eine hohe ökonomische Effektivität fördert.« Diese Feststellung im Programm hat viele Fragen und kontroverse Diskussionen unter Mitgliedern der Partei des Demokratischen Sozialismus und anderen Linken hervorgerufen.

In der offiziellen politischen Ökonomie des Sozialismus wurde noch bis vor kurzem die Marktwirtschaft abgelehnt, mit kapitalistischer Wirtschaft und Ausbeutung gleichgesetzt. Daraus ergab sich, daß der Markt mit seinen ökonomischen Mechanismen und Instrumentarien weitgehend negiert und weitgehend durch ein dirigistisches, administratives System der Wirtschaftsregulierung ersetzt wurde. Es wurde ignoriert, daß sich der Markt als ein wichtiges Ergebnis der gesellschaftlichen Entwicklung, der menschlichen Zivilisation, herausgebildet hat. Dies war eine Hauptursache für die krisenhaften Erscheinungen in der ökonomischen Entwicklung, vor allem für die Störungen im ökonomischen Gleichgewicht sowie in der Struktur und Effizienz des Reproduktionsprozesses, für Rückstände bei Innovationen, für die Umweltkrise sowie für Mängel bei der Befriedigung der Lebensbedürfnisse der Bevölkerung.

Diese substantiellen Schwächen in der Ökonomie des »realen Sozialismus« stehen in einem interdependenten Verhältnis zu solchen Erscheinungen, die sich in den letzten Jahren verschärft haben, wie der weitgehenden Negierung der ökonomischen Interessen sowie einer uneffektiven, bürokratischen Regulierung und Kontrolle der Wirtschaft, die auch als Motivationskrise und Regulierungskrise bezeichnet werden könnten. Es wurde immer deutlicher, daß ohne bestimmte Selbstregulierungsmechanismen, die auf dem Markt beruhen, die immer komplexeren und komplizierteren wirtschaftlichen Prozesse nicht mehr reproduktions- und entwicklungsfähig sind.

Es wäre meines Erachtens aber verhängnisvoll, hieraus, wie dies leider häufig geschieht, auf eine Art Allmacht oder Wunderwirkung des Marktes zu schließen. Die Wirkungen des Marktes müssen durch eine gesellschaftliche Rahmen- oder Entwicklungsplanung ergänzt und auf solche Interessen gerichtet werden, die den Erfordernissen des gesellschaftlichen Fortschritts entsprechen. Nur dann können die Innovativität, Effizienz und Kreativität stimulierende Wirkungen des Marktes im Sinne der sozialen, ökologischen und gesamtgesellschaftlichen Ziele sowie der Interessen zukünftiger Generationen durchgesetzt werden. Dies wird letzten Endes nur dann und in soweit möglich sein, wie die Dominanz des Profitstrebens im Gesamtensemble der gesellschaftlichen Triebkräfte eingeschränkt wird.

Die kapitalistischen Industrieländer, deren Entwicklung maßgeblich von der Marktwirtschaft bestimmt wird, haben sich den Ländern des »realen Sozialismus« hinsichtlich Innovationen, Effizienz und Flexibilität der Wirtschaft als eindeutig überlegen erwiesen. Aber reicht das aus? Kann die Marktwirtschaft die grundlegenden Menschheitsprobleme, die Umweltkrise, die explosive Zuspitzung der Widersprüche in den Ländern der Dritten Welt lösen? Kann es überhaupt eine »soziale« Marktwirtschaft geben? Schließen sich nicht Marktwirtschaft auf der einen und soziale Sicherheit, Gerechtigkeit, Solidarität sowie Umweltfreundlichkeit auf der anderen Seite gegenseitig aus? Ist die Marktwirtschaft überhaupt die richtige Alternative zu dem an seinen inneren Schwächen gescheiterten Modell einer dirigistischen, administrativen Planwirtschaft? Letzten Endes laufen all diese Fragen darauf hinaus, ob und inwieweit Marktwirtschaft mit den fortschrittlichen Menschheitsidealen, mit sozialistischen Wert- und Zielvorstellungen zu vereinbaren ist.

Diese Fragen werden bestimmt noch längere Zeit unter den »Linken« heftig diskutiert und umstritten sein. Hier können nur einige Überlegungen geäußert werden.

Ein erster Ausgangspunkt ergibt sich daraus, daß Marktwirtschaft kein Gesellschaftssystem und keine spezifische Produktionsweise darstellt, sondern charakteristisch ist für eine bestimmte, auf dem Markt, seinen Gesetzmäßigkeiten und Mechanismen beruhende Ordnungsstruktur und Funktionsweise der Wirtschaft. Die Instrumentarien und Kategorien des Marktes sind zu einem wesentlichen Teil gesellschaftsneutral und können für verschiedene gesellschaftliche Ziele genutzt werden. Es gibt auch verschiedene Arten von Marktwirtschaften, die sich voneinander unterscheiden, vor allem hinsichtlich:

– Ausmaß und Qualität einer staatlichen Steuerung und Kontrolle der Wirtschaft (staatliche, insbesondere strategische Rahmenplanung; Struktur-, Investitions- und Innovationspolitik);

– Charakter der Steuerung und Kontrolle der Wirtschaft auf den verschiedenen Ebenen – Ausmaß und Inhalt einer demokratischen Einflußnahme auf die wirtschaftliche Entwicklung. Von besonderer Bedeutung ist die reale Mitbestimmung der Arbeitenden bei allen wichtigen Fragen, die ihre Arbeits- und Lebensbedingungen direkt und indirekt – über die Gestaltung der Produktionsstrukturen, der Technologie, der Produktions- und Arbeitsorganisation – betreffen;

– Umfang und Qualität der Bestimmung und Durchsetzung ökologischer und sozialer Erfordernisse bei der wirtschaftlichen Entwicklung, speziell bei der Verteilung des Sozialprodukts für konsumtive und akkumulative Zwecke, der Umverteilung von Einkommen für soziale, ökologische und kulturelle Aufgaben.

Bisher gibt es nur entwickelte Marktwirtschaften kapitalistischen Typs. Es gibt aber meines Erachtens keine prinzipiellen Gründe dagegen, daß sich über das kapitalistische Eigentum hinausgehende, sozialistische Produktionsverhältnisse mit marktwirtschaftlichen Instrumenten und Kategorien verflechten können. Das Scheitern des »realen Sozialismus«, der auf einer Kommandowirtschaft beruhte, schließt nicht aus, daß solche Eigentumsstrukturen herausgebildet werden können, die es perspektivisch erlauben, sozialistische Ziele und Wertvorstellungen auf der Grundlage einer Marktwirtschaft anzustreben und zu erfüllen.

Ein weiterer Ausgangspunkt besteht darin, daß sozialer Fortschritt und soziale Sicherheit ebensowenig wie die Lösung der umweltpolitischen Aufgaben nur oder auch primär durch eine gerechtere Verteilung des vorhandenen Sozialprodukts erreicht werden können. Die Voraussetzungen für einen sozialen Fortschritt und für soziale Sicherheit, die ständig neu reproduziert werden müssen, sind eine hohe Effizienz und Innovativität sowie eine starke Leistungsdynamik, Flexibilität der Wirtschaft als Ganzes und vor allem der vielfältigen Wirtschaftssubjekte. Die Erfahrungen der letzten Jahrzehnte haben eindeutig bewiesen, daß es ohne Anwendung der marktwirtschaftlichen Regulierungsprinzipien, insbesondere des Wettbewerbs der Unternehmen, einer marktwirtschaftlichen Preisbildung, freier Kapital- und Güterströme, einer hohen Mobilität der Arbeitskräfte, nicht möglich ist, den für Effizienz und internationale Wettbewerbsfähigkeit notwendigen Innovations- und Leistungsdruck zu erreichen.

In diesem Sinne beruht meine Einstellung zur Marktwirtschaft auf vielfach bestätigten Zusammenhängen zwischen Marktwirtschaft → innovativem Verhalten → Effizienz, Wettbewerbsfähigkeit, bedarfsorientierte Produktion → *Voraussetzungen* für sozialen und ökologischen Fortschritt. Dabei dürfen die auf Effizienz und Wettbewerbsfähigkeit beruhenden Voraussetzungen und Möglichkeiten eines solchen Fortschritts keineswegs mit seiner Realität verwechselt werden. Sie sind hierfür notwendige, aber eben noch nicht hinreichende Bedingungen. Die Marktwirtschaft ist auf höchstmöglichen Gewinn (Profit) gerichtet. Sie kann nicht aus sich heraus die Interessen des Gemeinwohls und die globalen Menschheitsinteressen berücksichtigen.

Folgende fünf Komplexe von Widersprüchen ergeben sich aus dem auf Gewinn- (Profit)maximierung gerichteten marktwirtschaftlichen Wettbewerb:

1. Marktwirtschaft kann ihrem Wesen nach, aus sich heraus, nicht sozial gerecht und auch nicht auf die Interessen der Mehrheit der Bevölkerung, der lohnabhängig Arbeitenden gerichtet sein. Sie ist aus sich heraus weder sozial, human oder solidarisch, noch ökologisch und kulturell. Die elementaren Wirkungen der marktwirtschaftlichen Gesetze richten sich gegen soziale Gerechtigkeit und Sicherheit sowie gegen das humanistische Ziel der freien, allseitigen Entwicklung der Individuen, der Verbesserung ihrer Lebensqualität. Soziale Interessen und Rechte der Werktätigen werden nur im Ergebnis politischer und sozialer Auseinandersetzungen, vor allem des gewerkschaftlichen Kampfes durchgesetzt werden können. Sie sind auch nie garantiert, sondern müssen vielmehr stets neu gegen Bemühungen des Kapitals um Sozialabbau gesichert werden. Wichtige Elemente dieses Kampfes, die soziale Ungerechtigkeit zu verringern bzw. ihre weitere Verschärfung zu verhindern, sind Tarifautonomie und eine stärkere Umverteilung der Profite im Interesse der Mehrheit der Bevölkerung mit Hilfe einer entsprechenden Steuer- und Sozialpolitik.

2. Marktwirtschaftliche Konkurrenz birgt die Tendenz eines ungehemmten Verbrauchs natürlicher Ressourcen, der Verschwendung von Energie und Rohstoffen, des Entstehens bedrohlicher Umweltschäden und damit der Zerstörung der natürlichen Lebensgrundlagen der Menschheit in sich. Diesen Tendenzen wird nur durch eine wirksame Kombination ökonomischer Mechanismen – ökologische Gefährdungen müssen zunehmend auch für die Unternehmen ineffizient werden – und staatlicher verbindlicher Regulierungen, die umweltstörende Produkte und Produktionsverfahren einschränken, entgegengewirkt werden können. Marktwirtschaft ist mikroökonomisch, für das Unternehmen rationell, sparsam. Sie birgt

makroökonomisch die Tendenz zur Irrationalität und Verschwendung in sich. Allerdings ist es in der Nachkriegsperiode den kapitalistischen Industriestaaten gelungen, mit Hilfe der Instrumente einer ökonomischen Globalsteuerung auch auf volkswirtschaftlicher Ebene Elemente der Rationalität durchzusetzen.

3. Marktwirtschaftliche Konkurrenz und Arbeitsteilung, die weltweiten Charakter angenommen haben und die von den internationalen Konzernen beherrscht werden, verschärfen die Ausbeutung und das Zurückbleiben der Länder der »Dritten Welt«. Die Krise der Entwicklungsländer als ein verhängnisvolles Geflecht von Schuldenkrise, die mit eigenen Kräften unlösbar ist, Kapitalmangel, ökonomischer Rückständigkeit, Bevölkerungsexplosion, Hunger und Massenarbeitslosigkeit, Umweltzerstörung können nur durch eine neue, gerechte Weltwirtschaftsordnung, die gegen die Interessen des internationalen Kapitals durchgesetzt werden muß, in einem sehr langen Prozeß überwunden werden.

4. Die Marktwirtschaft ist aus sich heraus auf kurzfristig möglichst hohe Profite (Gewinne) und damit auf die Vernachlässigung von Zukunftsinteressen und langfristig strategischen Erfordernissen gerichtet. Damit sind die Lebensgrundlagen der Zukunft, die Interessen der kommenden Generation sowie überhaupt die ständige Erhaltung und Wiederherstellung der Bedingungen für einen ökonomischen und gesellschaftlichen Fortschritt gefährdet oder sogar weitgehend in Frage gestellt. Hieraus erwächst die Notwendigkeit einer voraussehenden strategischen Rahmenplanung, die verschiedene Szenarien bzw. Alternativen umfassen muß.

5. Die Tendenz des Marktes, sich uneingeschränkt auszudehnen und sich alle zwischenmenschlichen und globalen Beziehungen unterzuordnen, kann für die zwischenmenschliche Kommunikation, für Kultur, Kunst, Gesundheit und besonders auch bei den globalen Problemen zu verhängnisvollen Konsequenzen führen.

Kann eine auf kapitalistischen Ausbeutungsverhältnissen

beruhende Marktwirtschaft diese Widersprüche und Konflikte oder, weiter gefaßt, die globalen Konflikte und Menschheitsinteressen lösen?

Meines Erachtens reicht eine einfache Alternativantwort, eine Bejahung oder Verneinung nicht aus. Die Problematik ist wesentlich komplizierter und widersprüchlicher.

Die Entwicklung in den kapitalistischen Ländern hat, allerdings in sehr unterschiedlichem Maße, gezeigt, daß der Kapitalismus über ein bedeutendes Reformpotential, speziell über größere Möglichkeiten zur Lösung konkreter sozialer und ökologischer Probleme verfügt. In einer Reihe von Ländern, speziell in den skandinavischen Ländern, aber auch in der Bundesrepublik Deutschland und in Frankreich, konnten in den 70er und 80er Jahren beträchtliche soziale Leistungen und auch Verbesserungen in der Umweltpolitik erreicht werden. Aber: Damit konnten weder die prinzipiellen sozialen Probleme der kapitalistischen Gesellschaft – Massenarbeitslosigkeit, Obdachlosigkeit, und damit soziale Ausgrenzung eines großen Teils der Bevölkerung, Anwachsen der sozial ungerechten Einkommens- und Vermögensunterschiede – noch die Umweltkrise gelöst werden. Vor allem gibt es bei den globalen Umweltproblemen und der Nord-Süd-Problematik keine substantiellen Fortschritte, sondern eindeutig eine weitere Verschärfung und Zuspitzung.

Aus dem bedeutenden, bei weitem noch nicht ausgeschöpften sozialen und ökologischen Reformpotential des modernen Kapitalismus sollte jedoch die Schlußfolgerung gezogen werden, um konkrete Reformen und weitere Fortschritte in Richtung einer sozial und ökologisch »abgefederten« Marktwirtschaft und auch in Richtung einer gerechten Weltwirtschaftsordnung zu ringen.

Bei der Bewertung der Erfolgsaussichten einer hierauf gerichteten linken Politik sowie politischer und gewerkschaftlicher Kämpfe muß davon ausgegangen werden, daß die Bedingungen, die sich aus der Niederlage des »realen Sozialismus« hierfür ergeben, insgesamt schwieriger geworden sind.

Einerseits fehlt das Korrektiv, das die DDR trotz aller Widersprüche und negativen Aspekte in ihrer Entwicklung für die Sozialpolitik der Bundesrepublik war. Andererseits werden sich mit der voraussichtlich sprunghaft ansteigenden Arbeitslosigkeit in der DDR die sozialen Konflikte verschärfen, ohne daß die Arbeitnehmer und ihre Gewerkschaften ausreichend darauf vorbereitet sind

Hinzu kommt die Schwächung der Rolle der Gewerkschaften, der weitgehende Verlust ihrer Vertrauensbasis in vielen Betrieben. Schließlich werden sich hieraus und infolge der noch längere Zeit weit niedrigeren Löhne der Beschäftigten der DDR auch negative Rückkoppelungen für die Arbeitnehmer der Bundesrepublik Deutschland ergeben: stärkere Konkurrenz durch Arbeitskräfte aus der DDR, die bereit sind, für niedrigere Löhne zu arbeiten, Schwächung der Positionen der Arbeitnehmer in den tarifpolitischen und sozialen Auseinandersetzungen. Hierin wird auch deutlich, wie wichtig es ist, daß sich die Linken und die Gewerkschaften beider deutscher Staaten über Bedingungen, Ziele und Aufgaben der kommenden sozialen Auseinandersetzung möglichst bald verständigen und auch gemeinsam, abgestimmt handeln.

Es muß davon ausgegangen werden, daß der Übergang zur Marktwirtschaft in der DDR einen Prozeß darstellt, der hinsichtlich seiner Problematik und Widersprüchlichkeit sowie seines Tempos keine historische Parallele hat. Hierfür sind insbesondere folgende Umstände von Bedeutung, deren Zusammentreffen auch die Spezifik der ökonomischen und sozialen Entwicklung in der DDR gegenüber anderen osteuropäischen Ländern ausmacht.

1. Der widerspruchsvolle, konfliktreiche Prozeß der Umwandlung einer Volkswirtschaft, die nach planwirtschaftlichen, dirigistischen Prinzipien gesteuert wird, zu einer, die auf marktwirtschaftlichen Prinzipien beruht, der ja bisher noch in keinem Land erfolgreich bewältigt worden ist, wird entsprechend den Bestimmungen des Staatsvertrages zur Währungs-, Wirtschafts- und Sozialunion mit einem *sehr radikalen Schnitt* vollzogen.

Daraus ergeben sich sowohl bedeutende Chancen und Möglichkeiten als auch sehr große Risiken und Gefahren.

Die radikale und rasche Umwälzung der gesellschaftlichen Verhältnisse der DDR, ihrer ökonomischen, sozialen und politischen Strukturen unter destabilen, krisenhaften Bedingungen, bedeutet, daß die Menschen, die Wirtschaft, ja die gesamte Gesellschaft der DDR vor ihren größten Herausforderungen stehen. Überhastete, nicht ausreichend vorbereitete und diese widersprüchlichen Wirkungen zu wenig bedenkende oder bewertende Maßnahmen können für längere Zeit irreparable psychische, soziale, ökonomische und ökologische Schäden hervorrufen. Negative Wirkungen hat aber auch ein Beharren auf überholten Strukturen und eine zu geringe Strukturdynamik oder Strukturanpassung.

Ausgehend von der Abschätzung der voraussichtlichen Folgen der Währungs- und Wirtschaftsunion kommt es vor allem darauf an, Vorschläge zur optimalen Nutzung der neuen Möglichkeiten bei gleichzeitiger Begrenzung der Risiken und negativen Wirkungen – Massenarbeitslosigkeit, Verlust von Arbeitsplätzen vor allem für Frauen, Perspektivlosigkeit und soziale Ausgrenzung eines großen Teils der Bevölkerung – auszuarbeiten.

Das Problem besteht darin, daß die DDR-Wirtschaft de facto ab 1. Juli 1990 den ökonomischen Gesetzmäßigkeiten der Marktwirtschaft voll ausgesetzt ist, ohne darauf ausreichend vorbereitet gewesen zu sein. Die destabilisierenden, zum Teil sogar chaotischen Wirkungen, die sich daraus für Produktion und Handel ergeben können, sind schon in den Wochen vor der Einführung der Währungsunion deutlich sichtbar geworden.

2. Hiermit eng verflochten ist eine weitere Spezifik der DDR, die Verbindung des Übergangs zur Marktwirtschaft mit der Vereinigung der beiden deutschen Staaten. Bisherige Integrations- oder Vereinigungsprozesse, ob im Rahmen eines Staates, wie bei der Vereinigung des Saarlandes mit der Bundesrepublik, oder im Rahmen der Erweiterung der EG bei Auf-

nahme neuer Mitgliedsstaaten, bezogen sich immer auf Länder mit grundsätzlich gleicher marktwirtschaftlicher Wirtschaftsordnung. Mit der staatlichen Vereinigung der BRD und der DDR erfolgt zum ersten Mal die Fusion von zwei Volkswirtschaften, die bisher auf entgegengesetzten sozialökonomischen und ordnungspolitischen Grundlagen beruhten sowie auch völlig unterschiedliche Rechtssysteme aufwiesen.

Auch hieraus erwachsen sowohl Chancen als auch Risiken. Der Übergang zu einer kapitalistischen Marktwirtschaft in der DDR und die Überwindung des krisenhaften Zustandes ihrer Wirtschaft können eine Unterstützung durch Kapital und Beratertätigkeit nutzen, wie sie für kein anderes osteuropäisches Land gegeben sein wird. Auf der anderen Seite handelt es sich nicht um die wirtschaftliche Integration von zwei gleichberechtigten Staaten, sondern um die Übernahme des Währungs-, Wirtschafts- und Rechtssystems der kapitalistischen Bundesrepublik durch die DDR.

Damit verändern sich auch die wirtschaftspolitischen und sozialen Fragestellungen für die PDS. Es handelt sich nicht mehr darum, positive Erfahrungen und Regelungen der Bundesrepublik, z. B. der Marktmechanismen oder der Beteiligung der Menschen an den sozialen Leistungen, zu nutzen, sondern um deren faktisch völlige Übertragung auf die DDR. Das ist mit dem Versuch verbunden, einiges von dem, was sich in der Sozialpolitik bewährt hat, auch zu erhalten.

Dies bedeutet im Vergleich zur Situation Ende 1989 und Anfang 1990 eine völlige Verlagerung der Akzente. Es geht nicht mehr um die Reformierung eines bestehenden Wirtschaftssystems und auch nicht mehr um die Gestaltung des Übergangs zu einem neuen Wirtschaftsmechanismus des Sozialismus, sondern um die Übernahme, die rasche Einführung eines fertigen kapitalistischen Wirtschaftssystems. Hieraus ergeben sich natürlich auch Auswirkungen auf die Bedingungen einer ökologischen und sozialen Orientierung der Marktwirtschaft.

Die Unternehmen der DDR, die bisher kaum über marktwirtschaftliche Erfahrungen verfügen, werden schlagartig der Konkurrenz von Unternehmen ausgesetzt sein, die nicht nur sehr kapital- und leistungsstark sind, über ausgedehnte und wirksame internationale Produktionsverflechtungen und Absatzbeziehungen verfügen, sondern die es auch in Jahrzehnten gelernt haben, das Wirtschaftsrecht der Marktwirtschaft zu beherrschen und zu ihrem Vorteil zu nutzen.

3. Die Volkswirtschaft der DDR, die gegenüber der Bundesrepublik ein weit niedrigeres Produktivitäts- und Wohlstandsniveau aufweist, erhält dieselbe Währung.

Im Unterschied zu den westeuropäischen Integrationsprozessen, bei denen die Wechselkurse der verschiedenen Währungen für die ökonomisch schwächeren Staaten eine ökonomische Pufferwirkung und Schutzfunktion ausüben, gibt es mit der Einführung der DM eine solche Möglichkeit für die DDR nicht mehr. Daraus folgt das Dilemma:

– eine Beibehaltung der großen Lohn- und Einkommensunterschiede über eine längere Zeit wird auch weiterhin zu einem »Abwandern« vor allem kreativer, leistungsstarker Menschen, die die DDR-Wirtschaft für ihren Aufschwung braucht, führen (Fortführen des brain-drain);

– eine allgemeine, der Produktivitätssteigerung stark vorauseilende Lohn- und Einkommenserhöhung würde die Wettbewerbsfähigkeit und damit auch die weitere Existenz der Unternehmen gefährden.

Auch hieraus ergeben sich zwangsläufig Probleme und Gefährdungen für die soziale und ökologische »Abfederung« der Marktwirtschaft.

Die Diskussionen um die wirtschafts- und sozialpolitische Programmatik der PDS dürfen sich natürlich nicht auf das Bekenntnis zu einer Marktwirtschaft, die sozial und ökologisch orientiert ist, beschränken.

Es müßten u. a. solche Fragen weiter diskutiert werden, inwieweit und unter welchen Bedingungen eine solche soziale und ökologische Orientierung unter kapitalistischen Bedingungen möglich ist, inwiefern sie überhaupt als programmatische Zielstellung ausreicht sowie welche Konflikte zwischen sozialen und ökologischen Zielen auftreten. Damit kommen wir auch aus wirtschaftlicher und sozialer Sicht an die Kernfrage heran, ob die grundlegenden Erfordernisse des gesellschaftlichen Fortschritts, die globalen Menschheitsinteressen unter kapitalistischen Verhältnissen lösbar sind.

Die Nachkriegsentwicklung in den westlichen Industriestaaten, besonders in Europa, hat gezeigt, daß es im Ergebnis der sozialen Auseinandersetzungen der Arbeiterbewegung und den Gewerkschaften gelungen ist, wesentliche soziale Verbesserungen zu erreichen und diese auch gesetzlich festzuschreiben. In den 70er und 80er Jahren hat die Ökologiebewegung einen starken Aufschwung genommen. Es konnten teilweise beträchtliche Fortschritte zur Verringerung von Umweltbelastungen und -schäden erreicht werden.

Damit ist aber die Frage nach dem widersprüchlichen Spannungsverhältnis zwischen Marktwirtschaft einerseits und den sozialen und ökologischen Erfordernissen und Zielen der Menschheit andererseits noch nicht beantwortet:

– sozial und ökologisch »abzufedern« ist ein recht diffuser Begriff, der eine große Spannweite aufweist, von der Verhinderung der schlimmsten, die normale menschliche Existenz gefährdenden Auswirkungen einer ungehemmten wirtschaftlichen Expansion bis zur Schaffung der für einen dauerhaften, stabilen gesellschaftlichen Fortschritt erforderlichen sozialen und ökologischen Bedingungen;

– reicht es für die Programmatik einer linken, sozialistischen Partei zu fordern, negative soziale und ökonomische Wirkungen der Marktwirtschaft zu mindern oder auszugleichen?

– eine solche Milderung negativer Wirkungen im Rahmen der jeweiligen Volkswirtschaft läßt die Frage nach der globalen Umweltkrise und nach Hunger und Elend von Millionen Menschen der »Dritten Welt« offen.

Die sich hieraus ergebenden Probleme bilden eine ständige Herausforderung aller linken, demokratischen und umweltbewußten Kräfte. Sie kann nie als abgeschlossen angesehen werden. Vielmehr zeigt sich, daß ein Nachlassen der Aktivitäten auf den verschiedenen Ebenen, vom Parlament bis zu den Kommunen, in den Betrieben sowie in den außerparlamentarischen Bürgerbewegungen, stets die Gefahr von Rückschritten und Verschlechterungen mit sich bringt.

Im Ergebnis politischer, sozialer und ökologischer Auseinandersetzungen sowie der Entwicklung der öffentlichen Meinung erfolgt eine Art staatlich sanktionierter Interessenausgleich zwischen Gewinn-(Profit)interessen einerseits sowie sozialen und ökologischen Interessen andererseits. Ohne einen solchen Kompromiß wäre die Gesellschaft nicht lebens- und reproduktionsfähig. Eine linke Politik, die möglichst breite Bündnisse anstreben muß, sollte sich darauf konzentrieren, diesen sozialstaatlichen und ökologischen Kompromiß immer stärker im Interesse sozialer Sicherheit, der Gleichstellung der Frauen, der Verringerung sozialer Ausgrenzungen und Benachteiligungen sowie der Fixierung konkreter Ziele und Aufgaben für den ökologischen Umbau der Gesellschaft festzuschreiben.

Inwieweit es gelingt, diesen sozialstaatlichen und ökologischen Kompromiß unter kapitalistischen Bedingungen so zu gestalten, daß er einen relativ dauerhaften und stabilen Fortschritt ermöglicht, kann m. E. heute noch nicht definitiv beantwortet werden. Entscheidend hierfür wird sein, inwieweit es gelingt, die reale Verfügbarkeit des Monopolkapitals über die Produktionsmittel durch eine demokratische gesellschaftliche Kontrolle einzuschränken.

Es besteht m. E. ein durch die bisherige Entwicklung in den westlichen Industrieländern grundsätzlich bestätigter Zusammenhang: Je tiefer und umfassender eine demokratische Kontrolle der wirtschaftlichen Entwicklung sowie eine reale Mitbestimmung in den Unternehmen herausgebildet ist und auch praktisch wahrgenommen wird, desto günstiger sind die Voraussetzungen und Möglichkeiten für eine soziale Orientierung und für den ökologischen Umbau der Gesellschaft. Die demokratische Kontrolle und Steuerung der Wirtschaft ist eine unerläßliche Bedingung dafür, sozialen und ökologischen Erfordernissen entsprechen zu können.

Meines Erachtens müssen Inhalt und Qualität der Wirtschaftsdemokratie in der DDR in der nächsten Zeit unter anderem durch folgende Anforderungen bestimmt werden, die jeweils verschiedene Ebenen und ihr Zusammenwirken betreffen:

– Die demokratische Fixierung gesamtstaatlicher Rahmenbedingungen der ökonomischen Entwicklung, demokratische Einflußnahme auf die Struktur-, Forschungs-, Investitions- und Ökologiepolitik sowie auf die Festlegung der sozialen Ziele. Dabei geht es in der DDR in der nächsten Zeit insbesondere um solche Fragen wie die Verwendung des von der Treuhandanstalt verwalteten volkseigenen Vermögens im Interesse einer raschen Strukturanpassung, Modernisierung und Sanierung der Wirtschaft; bei der Veräußerung von Betrieben oder Anteilen am Kapital muß gesichert werden, daß die Interessen der Bevölkerung und der Wirtschaft des Territoriums der DDR soweit wie möglich berücksichtigt werden.

Ein besonderes Gewicht kommt der Festlegung von Rahmenbedingungen für eine solche Investitions- und Forschungspolitik zu, die die Stabilisierung der Wirtschaft der DDR und die Herstellung der internationalen Wettbewerbsfähigkeit des Hauptteils ihrer Betriebe ermöglicht:

– Höhere Verantwortung der Länder und Kommunen, insbesondere ihrer parlamentarischen Vertretungen auf den Gebieten der Wirtschafts- und Sozialpolitik sowie bei der Einflußnahme auf die Umweltbedingungen. Ein besonderes Gewicht kommt in der nächsten Zeit der Ausarbeitung regionaler Strukturprogramme zur Erhaltung und zur Neuschaffung von Arbeitsplätzen zu.

Vorrangig gilt es, die ökonomische Basis für die Länder und die kommunale Selbstverwaltung durch die Schaffung bzw. Erweiterung von Länder- und kommunalem Eigentum zu sichern. Dabei geht es besonders auch um solche Betriebe und Einrichtungen, deren Leistungen stabile Einnahmequellen für die Länder und Kommunen ermöglichen.

– Weiterentwicklung und Festigung demokratischer Strukturen für die Mitbestimmung in den Betrieben und Einrichtungen; diese dürfen nicht nur die sozialen Bereiche, sondern müssen auch strategische Fragen der Ökologie-, Investitions-, Struktur- und Technologiepolitik betreffen. Es gilt, möglichst rasch die den gesetzlichen Bestimmungen entsprechenden Möglichkeiten der Mitbestimmung durch die Wahl von Betriebsräten und von Vertretern der Arbeitnehmer in die Aufsichtsräte zu nutzen. Das ist insbesondere in der jetzigen Zeit der Reorganisation und Privatisierung großer Teile der volkseigenen Wirtschaft außerordentlich wichtig, um gegen die Interessen der Belegschaften und der Bevölkerung gerichtete Entscheidungen, vor allem die Verschleuderung von volkseigenem Vermögen, zu verhindern.

– Außerparlamentarische Formen der öffentlichen Diskussion, Einflußnahme und Kontrolle auf die wirtschaftliche, soziale und ökologische Entwicklung; Weiterentwicklung der Beziehungen zwischen parlamentarischer Demokratie und Basisdemokratie.

Bei all dem geht es sowohl um die möglichst breite, demokratische Teilhabe aller Werktätigen und Bürger an der Diskussion und Gestaltung des gesellschaftlichen und wirtschaftlichen Lebens auf den verschiedenen Ebenen als auch um eine gesellschaftliche Rahmenplanung, die sich zwar auf die makroökonomischen Instrumentarien der Haushalts- und Geldpolitik, der Steuer- und Subventionspolitik, des Wettbewerbsschutzes, der Umwelt-, Arbeits- und Sozialgesetzgebung stützt, aber auch über diese hinausgeht. Wesentliche Elemente einer solchen Rahmenplanung müßten die umfassende Information der Öffentlichkeit, transparente Prognosen und Strategien der wirtschaftlichen und sozialen Entwicklung, Alternativen, die gesellschaftlich bewertet werden, Entwicklungspläne (bei Verzicht auf Detailplanung und Entscheidungen, die in die Selbständigkeit der Unternehmen eingreifen), die durch die demokratisch gewählten Volksvertretungen auf allen Ebenen unter Mitwirkung von Wirtschafts- und

Sozialräten bestätigt werden, sowie die demokratische Kontrolle sein.

Die globalen sozialen und ökologischen Probleme, insbesondere der Dritten Welt, sind nicht auf Basis der vorherrschenden kapitalistischen Eigentums- und Machtstrukturen zu lösen. Ebenso erfordert eine soziale und ökologische Orientierung der Wirtschaft, die die negativen Seiten der Industriegesellschaft und des bisherigen unbeschränkten Wirtschaftswachstums prinzipiell überwindet, auch die Aufhebung der objektiven Schranken der kapitalistischen Produktionsweise. Hierin besteht auch der entscheidende Ansatzpunkt für eine linke, konsequente Kapitalismuskritik.

Nur eine Gesellschaft, die die Schranken, wie sie sich aus der kapitalistischen Ausbeutung ergeben, überwindet und die dem gesellschaftlichen Fortschritt, insbesondere der Lösung der globalen Probleme, adäquate ökonomische und Interessenstrukturen herausbildet, kann dauerhaft den Bedürfnissen und Interessen der Menschen entsprechen.

Es gilt, die Marktmechanismen mit solchen gesellschaftlichen Verhältnissen und Interessenstrukturen zu verflechten, daß eine hohe Effizienz und Flexibilität der Wirtschaft mit der Entwicklung und Entfaltung des einzelnen Individuums als Bedingung für die Entwicklung und Entfaltung aller Menschen, mit Schöpfertum und Freiheit verbunden werden kann.

Ohne konsequente Nutzung der Marktmechanismen erstarrt der soziale und ökonomische Fortschritt. Ohne die spontanen Wirkungen des Marktes durch eine demokratische Kontrolle und Steuerung einzuschränken, werden sich verhängnisvolle ökologische und soziale Folgen ergeben. Hieraus erwachsen viele Fragen, die heute noch nicht definitiv zu beantworten sind. Sie laufen letzten Endes darauf hinaus, inwieweit es möglich sein wird, eine Synthese zwischen Markt und Sozialismus, zwischen den stimulierenden aber zugleich spontanen und unsozialen Wirkungen des Marktes einerseits und den Grundwerten des demokratischen Sozialismus sowie den Erfordernissen des Fortschritts der Menschheit herzustellen. Eine solche Synthese kann nur auf Grundlage von ökonomischen und Interessenstrukturen erreicht werden, die das Gewinnstreben als unerläßliche Triebkraft des Fortschritts erhalten, aber seine Dominanz durch gesellschaftliche Kontrolle und Steuerung überwinden.

Marlies Deneke

Ein neuer Anspruch von Frauen
Denkansätze für eine Frauenpolitik

Wenn eine Frau sagt: Ich bin Feministin, erntet sie nach wie vor erschrockene Blicke. Denn Feministinnen waren und sind hierzulande die Emanzen, und Emanzen gelten als Frauen, die männerfeindlich sind. Und doch geht der Feminismus um in linken Organisationen. Und nun haben wir ihn auch in der PDS auf die Tagesordnung gesetzt. Warum?

Eine Strategie zur Frauenbefreiung

Seit Jahrzehnten wurde Frauen und Männern in der DDR von der SED gesagt: Eure Probleme sind gelöst. Ihr seid gleichberechtigt. Jeder Zweifel daran wurde als individuelles, persönliches Problem abgetan.

Tatsächlich stehen wir heute, nach dem gescheiterten praktischen Versuch, ein sozialistisches System zu errichten, vor einem moralischen und geistigen Trümmerhaufen, auch oder vor allem bezüglich der Frauenfrage in der Gesellschaft.

Die Frauenfrage, die Frage nach den Ursachen der Benachteiligung von Frauen in der Gesellschaft und den Wegen zu ihrer Überwindung, hat eine alte Geschichte.

Der Kampf um Frauenrechte begann mit der Französischen Revolution 1789. Die Unterdrückung der Frau durch den Mann jedoch ist älter. Die Unterdrückung des Menschen durch den Menschen bedeutet gerade auch die Unterdrückung der Frau durch den Mann.

Im Marxismus wurde diese Unterdrückung einseitig in dem kapitalistischen Ausbeutungsverhältnis in der Produktionssphäre gesehen. Der real existierende Sozialismus in der DDR wurde zu einem Ideal stilisiert, in dem mit der Lösung des Hauptwiderspruches, das heißt dem Widerspruch zwischen der gesamtgesellschaftlichen Produktion und privatkapitalistischen Aneignung so ganz nebenbei auch der Nebenwiderspruch zwischen Mann und Frau ad acta gelegt wurde. Doch das war bloßes Wunschdenken, denn nichts dergleichen geschah: Im realen Sozialismus, mit seinen auf die Frau als Mutter zugeschnittenen sozialpolitischen Maßnahmen, wurden – zumindest ab Mitte der 70er Jahre in der DDR – die alten, traditionellen Rollenverhältnisse stabilisiert und der Geschlechterwiderspruch verdrängt. Die Gleichberechtigung war ja laut Gesetz und SED-Propaganda – nur nicht de facto – in der DDR durchgesetzt.

Vier Jahrzehnte lebten die Menschen in unserem Land in einem imaginären Sozialismus, der diesen ohnehin nur als feinen Nebenwiderspruch verstandenen Geschlechterwiderspruch ganz automatisch, mit der Aufhebung des Privateigentums an Produktionsmitteln und der daran gebundenen Ausbeutung des Menschen durch den Menschen nämlich, gelöst haben wollte. Frau und Mann waren gleichberechtigt und an den Früchten der Arbeit beteiligt. Die Berufstätigkeit der Frau war die erstrangige Voraussetzung für ihre Persönlichkeitsentwicklung.

Seit vier Jahrzehnten sind in unserem Land Frauen berufstätig, dabei sind sie gut ausgebildet und oft hochqualifiziert; fast alle Frauen im berufstätigen Alter arbeiten in unterschiedlichen Bereichen der Volkswirtschaft. Die Kindereinrichtungen boten ihnen den Rahmen dafür. Sie waren ein Segen, obwohl über ihre Qualität zu streiten ist. Doch sie konnten die Doppel- und Dreifachbelastung der Frauen nicht lösen, zumal es die angeblich nicht gab.

Löst nun die moderne Industriegesellschaft, auf die wir uns zubewegen, die Frauenfrage?

Der modernen Industriegesellschaft scheint weder eine alternative Gesellschaftstheorie noch eine alternative Gesellschaftspolitik zu erwachsen. Diese Industriegesellschaft führt zu einer immer größeren Vereinzelung des Menschen, zerstört seine Lebensbedingungen systematisch, bringt keine Solidarität mit den Menschen der Dritten Welt hervor, verursacht Konsumterror und die ständige Manipulierung der Menschen.

Eine neue Gesellschaftstheorie ist nötig, um den Geschlechterwiderspruch in seiner gesellschaftlichen Dimension zu erfassen und eine Strategie zur Frauenbefreiung, zur wirklichen Emanzipation des Menschen zu entwickeln. Wird die Idee des demokratischen Sozialismus diese hervorbringen?

Chancengleich – zwischen Wunsch und Wirklichkeit

Es war der Feminismus und nicht der Marxismus, der die Geschlechterfrage in den letzten Jahren immer wieder in die öffentliche Diskussion gebracht hat. Wozu die Frauenbewegung beispielsweise der BRD mehr als 20 Jahre brauchte, will die der DDR nun mit Hilfe von Supermeilenstiefeln in einem halben Jahr bewältigen.

Trotzdem bestimmen nicht nur hier, sondern nach wie vor auf der ganzen Welt patriarchale Interessen die Lebenszusammenhänge der Menschen.

Als normal gilt, daß Frauen nicht in gleicher Weise berufstätig sein können wie Männer. (In dieser Beziehung war die DDR in einigen Bereichen sogar fortschrittlich.)

Normal ist, daß Frauen weniger Lohn oder Gehalt bekommen als Männer, normal sogar bei gleicher Qualifikation.

Normal ist, daß die Frauen in den Familien, bei der Kindererziehung, aber auch im gesamten sozialen Bereich höhere Lasten tragen als Männer. Normal sogar, daß diese Pflicht gesetzlich verankert ist.

Normal ist, daß die Frauen mit Berufstätigkeit und Hausarbeit doppelbelastet sind. Normal demzufolge auch, daß Frauen als die unsicheren »Arbeitnehmerinnen« ungesicherter als ihre Männer leben. Und normal ist, daß dabei die Männer in der Familie bestimmen.

Hinzu kommt die Gewalt, die Frauen von Männern erfahren, von der verbalen bis zum Sexismus und der brutalen Gewalt, von der wir jetzt täglich in unseren Zeitungen lesen.

Heute entwickeln Frauen ihre eigenen Interessen. Sie sind

vielfältig und differenziert. Gemeinsam aber haben Arbeiterin und Wissenschaftlerin, Bäuerin und Lehrerin:

– das Interesse an einem eigenen Arbeitseinkommen, das ihnen eine selbständige, vom Mann unabhängige ökonomische Existenz sichert;

– das Interesse an funktionierenden Dienstleistungen, an ausreichenden Kindereinrichtungen in guter Qualität;

– das Interesse an solchen sozialpolitischen Maßnahmen, die nicht nur ihnen, sondern auch dem Mann die Vereinbarkeit von beruflicher Entwicklung und Familienleben ermöglichen;

– das Interesse an einer gerechten Verteilung von Last und Lust zwischen Männern und Frauen in Haushalt und Familie.

Schließlich wächst das Interesse von Frauen, in Beruf, Politik und im gesamten gesellschaftlichen Leben nicht schlechthin gleichberechtigt, sondern wirklich gleichgestellt zu sein. Davon zeugt der Aufbruch vieler Frauen in der neuen Frauenbewegung unseres Landes.

Gleichstellung als Zauberwort

Gleichstellung wird so zum Zauberwort. Frauen fordern die Feminisierung von Theorie, Politik und gesellschaftlichem Leben. Nach Jutta Menschik bedeutet Feminismus, daß »Frauen ihre Interessen und Rechte entdecken, um sie in Forderungen umzusetzen« (Jutta Menschik, Feminismus, Geschichte, Theorie, Praxis, Köln 1977, S. 9). Doch ihre Forderungen sind nicht nur gegen ihre Männer gerichtet (ebenda) – ganz abstrakt, und nicht immer und doch sehr oft konkret gemeint –, sondern gegen ihre bisherigen Lebensverhältnisse.

Feministinnen fordern ein neues Wertesystem. Wenn der Wert des Menschen nach seiner Arbeitsleistung bemessen wird (wie im Kapitalismus), so sind die Inhalte von »Arbeit« und »Leistung« zu untersuchen. Hier treffen sich Marxismus und Feminismus in ihrer beider Vielfalt.

Gleichstellung bedeutet so eben nicht, daß die Frauen und Männern gleichgestellt werden. Gleichstellung bedeutet aus feministischer Sicht, daß ein Chancensystem entwickelt wird, das Männer und Frauen ein ihren Interessen entsprechendes lebenswertes Leben ermöglicht.

Den Feminismus in die Partei des Demokratischen Sozialismus hineintragen heißt deshalb, diese Partei und ihre Gesellschaftstheorie auf diese Ansprüche hin zu überprüfen. Den Feminismus als Diskussionsangebot ablehnen bedeutete Rückfall in alte Zeiten.

Die Programmatik der Partei des Demokratischen Sozialismus

Das Programm der Partei des Demokratischen Sozialismus ist Prüfstein dafür, wie es gelingt, unser theoretisches Anliegen umzusetzen. Eine kluge und weitsichtige Politik wird entsprechend ihrer Grundwerte Frauen und Männer an der Neuordnung der Gesellschaft beteiligen.

Voraussetzung dafür ist, daß die Gleichstellung von Mann und Frau als Grundwert verstanden und verwirklicht wird. Politik auf ein wirklich demokratisches und kulturvolles Gestalten der Gesellschaft zu richten bedarf des Zusammengehens von Frau und Mann im Interesse des Menschheitsfortschritts.

Und wenn unsere Welt eine neue Art von Fortschritt zur Bewältigung globaler Probleme braucht, wie es in unserem Parteiprogramm zu lesen ist, dann ist der Geschlechterwiderspruch eben ein solch globales Problem. Das sollte seinen konkreten Ausdruck auch im Parteiprogramm finden. Warum fehlt es an dieser Stelle?

Aus feministischer Sicht ist die Gleichstellung von Mann und Frau im Sinne von gleichen Entfaltungschancen und Entwicklungsmöglichkeiten in allen gesellschaftlichen Bereichen ein Wert, der in einer Reihe steht mit individueller Freiheit, Solidarität, Sicherung der natürlichen Lebensbedingungen, Durchsetzung des Leistungsprinzips usw. Deshalb muß die Gleichstellung auch schon im Programm verankert werden.

Gleichstellung der Geschlechter hat jedoch nicht nur eine

soziale, sondern eine demokratische und humanistische Dimension und muß daher im Programm *durchgängig* eine Rolle spielen.

Aber sie ist im Programm nur als Ziel fixiert, als kühne Zukunftsvision. Reicht das aus?

Nein. Doch Diskussionen über die gesellschaftliche Dimension der Gleichstellung werden von GenossInnen allzuoft mit dem Hinweis auf »später« zurückgestellt.

Als Begründung dafür werden Alltagsfragen, die sozialen Sorgen und Nöte von Frauen aufgeführt, die jetzt im Mittelpunkt stünden und auf die zuerst reagiert werden müßte.

Natürlich dürfen die derzeitigen Alltagssorgen nicht unter den Tisch fallen, können aber nicht darauf reduziert werden, ausschließlich »Fraueninteressen« zu sein.

Immer wieder werden Frauen – auch in den Dokumenten der PDS –, obwohl sie die Hälfte der Bevölkerung stellen, mit sozial schwachen Gruppen zusammengefaßt.

Ja, sie werden die ersten sein, deren Arbeitsplätze einfach wegfallen oder wegrationalisiert werden und denen somit die finanzielle Existenzgrundlage entzogen wird. Aber ist der Grund dafür soziale Schwäche? Nein. Es ist die benachteiligte Stellung in der Gesellschaft, im Beruf und die der Frau zugeordnete erstrangige Verantwortung für die Familie, die sie schon immer auf zweite Plätze verwies und die Frauen nun wieder zu Verliererinnen stempelt.

Hoffnungsvolle »Lisa«

»Der wachsende Einfluß der Frauen ist das einzige Beruhigende an unserem politischen Leben.« – Vor über 100 Jahren schrieb diese Worte Oskar Wilde (»Eine Frau ohne Bedeutung«).

Ein Fakt, der heute auf die Partei des Demokratischen Sozialismus zutrifft. Eine Tatsache, die eine beruhigende Beunruhigung – weil völlige Wandlung der Partei – auslöst.

Um unsere inhaltlichen Ansprüche durchzusetzen, ist es aus unserer Sicht nötig,

– eine demokratisch gewachsene Organisation von Frauen zu entwickeln;

– eine 50prozentige Quotierung aller Leitungsfunktionen und Mandate in unserer Partei zu sichern;

– eine feste Verankerung von Fraueninteressen in Programm und Statut der Partei aufzunehmen;

– eine eigene Öffentlichkeitsarbeit zu leisten;

– eigene Frauenprojekte zu organisieren.

Frauenbewegte Genossinnen initiierten darum bereits im November 1989 eine Frauenarbeitsgemeinschaft (FAG) der SED. Zunächst verstanden wir diese als Korrektiv zur Frauenpolitik der SED. Auf allen Ebenen fanden sich Genossinnen und Sympathisantinnen zusammen, die ihre Interessen artikulierten und davon ausgehend Politikangebote entwickelten oder auf Ängste und Sorgen von Frauen hinwiesen.

Auf dem Sonderparteitag der SED/PDS wurde eine Kommission Frauen-, Jugendpolitik und Sport gebildet. Die parallele Existenz von Kommission und basisdemokratischer Frauenarbeitsgemeinschaft erwies sich jedoch als Hindernis für eine Gleichstellungspolitik. Die Arbeit der Kommission wurde reduziert auf Zuarbeiten zum »Problem der sozial schwachen Gruppe Frauen« und die FAG als nicht ernstzunehmender Kontrolleur dieser Zuarbeit verstanden.

Doch die Genossinnen wollen sich selbst artikulieren; eine Feminisierung der Politik der Partei reduziert sich nicht auf Zuarbeit und kann auch nicht nur Anliegen bzw. Beitrag der Genossinnen sein.

Wichtigster Beitrag von uns kann und muß es sein, die besondere Sicht von Frauen, ihre Werte und Vorstellungen auf dem Weg zu einer neuen multikulturellen, humanistischen und demokratischen Ordnung der Gesellschaft einzubringen. Und da gilt es, Defizite innerhalb der Partei aufzuholen, nämlich, daß

– Frauenfragen noch immer als Ressortfragen behandelt werden;

– der wachsende Anteil von Genossinnen nicht im Verhältnis zu ihrem tatsächlichen Einfluß auf die Politik der PDS steht;

– in den programmatischen Dokumenten der Partei (Statut, Programm) die Fragen der Gleichstellung und die Interessen von Frauen nicht eindeutig genug verankert bzw. zu unkonkret und auslegbar sind.

Um diese Defizite zu überwinden, wurde es Ziel der frauenbewegten Genossinnen der PDS, nun doch mit einer autonomen, von unten gewachsenen Arbeitsgemeinschaft der Partei die Voraussetzungen für eine inhaltliche und organisatorisch völlig neue Frauenpolitik zu schaffen.

Der Gründungskongreß der Lisa (Linke sozialistische Arbeitsgemeinschaft Frauen der Partei des Demokratischen Sozialismus) war dafür gewissermaßen Voraussetzung. Er bildete den Abschluß einer wichtigen Arbeitsetappe, in der sich in fast allen Bezirken der Republik aktive »Lisa«-Basisgruppen fanden. Ihre Sprecherinnen gründeten am 26. Mai dieses Jahres nun auch formell die Frauenarbeitsgemeinschaft der Partei des Demokratischen Sozialismus. Sie wählten einen Zentralen Koordinierungsrat und verabschiedeten »Ziele und Rahmenstruktur der Lisa«.

Einerseits erschrocken, andererseits erfreut reagierten Präsidium und Parteivorstand auf den folgerichtigen Antrag des Gründungskongresses der »Lisa«, die Kommission Frauen-, Jugendpolitik und Sport zu trennen und anschließend die künstliche Trennung von »Lisa« und der Kommission Frauenpolitik, deren MitgliederInnen ohnehin alle beteiligt waren, »Lisa« ins Leben zu rufen, zu überwinden und eine einheitliche Struktur zu schaffen.

Trotz aufgezeigter Defizite gibt es nicht wenig Hoffnungsvolles.

Der Initiative der Genossinnen ist es zu verdanken, daß der Wahlparteitag der Partei des Demokratischen Sozialismus als einziger unter allen anderen Parteien ein Frauenaktionsprogramm angenommen hat und – wenn auch reichlich verschwommen – Formulierungen zur Quotierung aller Ämter und Mandate Eingang in das Parteiprogramm gefunden haben.

Im Wahlprogramm der Partei des Demokratischen Sozialismus zu den Volkskammerwahlen und in vielen Kommunalwahlprogrammen war der Gleichstellungsgedanke enthalten. Stellvertretende Parteivorsitzende wurde auf Druck der »Lisa« im Juni eine Frau. Schließlich heben sich die Fraktionen der Partei des Demokratischen Sozialismus in vielen Volksvertretungen durch einen hohen Frauenanteil vorteilhaft von den Fraktionen anderer Parteien und Bewegungen ab; der Anteil von Frauen in der Volkskammerfraktion (42 Prozent) entspricht sogar dem Anteil von Genossinnen in der PDS (41,2 Prozent).

All das wiederum ist nicht nur für das Wirken innerhalb der Partei wichtig. Doch das alleinige »Vorhandensein« – sozusagen als Feigenblatt – von Frauen reicht nicht aus. Feminisierung der Politik zeigt sich auch an dem Wirken ihrer GenossInnen in der Öffentlichkeit.

Also auch außerhalb der Partei die Frauenfrage aufgreifen, den Geschlechterwiderspruch transparent machen? Ja, das ergibt sich aus unserem Selbstverständnis.

Als Oppositionspartei kann die PDS an der Frage der Gleichstellung nicht vorbei, schon gar nicht, da nun Erhaltenswertes der DDR bedingungslos aufgegeben wird und sich im Vereinigungsprozeß aufdrängende Chancen ungenutzt bleiben sollen. Hier besteht eine gute Möglichkeit, als Partei des Demokratischen Sozialismus geschlossen zu wirken. Das setzt allerdings voraus, daß der umfassende Charakter der Gleichstellungsproblematik erkannt ist, ebenso wie das Wirken patriarchaler Denk- und also Handlungsstrukturen.

Das Patriarchat in der Gesellschaft

Die Gleichstellung von Frau und Mann muß sich auch in den Gesetzen ausdrücken, die das Zusammenleben in der Gesellschaft und den gesamten Reproduktionsbereich regeln. Im Vereinigungsprozeß gab es für eine derartige Neubestimmung nicht wenig Chancen. Leider wurden viele vertan.

Gravierendes Beispiel ist der Staatsvertrag. Er zeigt deutlich

das Wirken des patriarchalischen Systems. »Man-n« hat hier die Prämissen für den Einigungsprozeß gesetzt und die Interessen von Frauen glatt unter den Tisch fallen lassen. Um die Frau nicht ganz unberücksichtigt zu lassen, wurden sie im Artikel 19 mit dem Satz
»Belange der Frauen und Behinderten werden berücksichtigt« bedacht.

Ohne einen 2. Staatsvertrag, der die Beibehaltung der Fristenlösung festschreibt, genügt in einer nach Artikel 23 vereinnahmten DDR eine einzige Klage beim Bundesverfassungsgericht, zum Beispiel aus dem Land Sachsen, um dem Paragraphen 218 Geltung zu verschaffen. Doch dieser Paragraph ist ein Kernproblem. Denn es bleiben nicht nur die Interessen von Frauen unberücksichtigt, sondern »man(n)« greift auch in das selbstbestimmte, individuelle Entscheidungsrecht und somit eigenständige Leben der Frau ein. Eine Praxis, die in der DDR bereits überwunden war.

Als positiv zu werten ist, daß in die Koalitionsvereinbarungen von CDU und SPD die Schaffung eines parlamentarischen Ausschusses für die Gleichstellung von Frau und Mann aufgenommen wurde. Jedoch blieb es bei diesem verbalen Bekenntnis. Auch das ist Ausdruck der mangelnden Sensibilität für die Frauenfrage und die Gleichstellungsproblematik – nun jedoch für die gesamte Gesellschaft.

Ein Fazit

Wir haben keinen leichten Weg gewählt, wir haben nicht angefangen, um nun wieder aufzuhören. Wir stellen nicht nur Forderungen, sondern mischen uns in die Arbeit der Partei ein, beanspruchen, auf ihren Konferenzen als Frauenarbeitsgemeinschaft mit eigenen Thesen aufzutreten und werden eine eigenständige Öffentlichkeitsarbeit leisten, um unser Anliegen weiter zu verbreiten.

Helmar Hegewald

Naturaneignung, Menschenwürde, Demokratie

Die im Oktober/November 1989 durch eine machtvolle Volksbewegung eingeleitete demokratische Erneuerung in der DDR besaß – im historischen Sinne – eine neue politische Kultur. Tagsüber wurde gearbeitet, abends gewaltlos demonstriert. Der Prozeß des Aufbruchs zielte auf Volkseigentum und Demokratie, auf demokratischen Sozialismus, auf eine gesellschaftliche Entwicklung, die es bisher in der Geschichte noch nicht gab. Uns bewegten solche Fragen: Wie ist die Souveränität des Volkes zu erreichen? Welche gesellschaftlichen Verhältnisse sind zu schaffen, damit gesellschaftlicher Reichtum als Reichtum des gesellschaftlichen Menschen, die Entwicklung seiner Fähigkeiten, Fertigkeiten, Genüsse, produktiven Kräfte wirksam wird? Und wir wußten: Die Quellen dieses Reichtums sind *Arbeit* und *Natur*. Wie werden diese Quellen in *Abgrenzung* vom Kapitalismus *und* vom *administrativ-zentralistischen, bürokratischen Gesellschaftssystem* des Sozialismus jetzt in die Verfügungsgewalt der Produzenten gestellt? Die Überwindung der stalinistischen Macht- und Denkstrukturen war für uns keine Wende, sondern der schmerzhafte, auch mit Tragödien gepflasterte Weg einer qualitativen historischen Erneuerung: Pluralismus der Parteien, Organisationen, Bewegungen mit dem Ziel des menschenwürdigen, demokratischen Sozialismus. Zu seinen Werten gehörten auch die weitsichtige, rationelle Naturaneignung, gegründet auf hohe Arbeitsproduktivität, Friedenssicherung, ökologische und nukleare Sicherheit, als wesentliche Seiten sozialer Sicherheit, Wahrnehmung von Verantwortung für die Zukunft.

Das Wahlergebnis vom 18. März 1990 in der DDR verdeutlichte, daß der Weg der demokratischen Erneuerung bei uns so nicht zu gehen war. Die wenigen Monate demokratischen Aufbruchs, wie sie der Runde Tisch in Berlin mit seiner politischen Kreativität, seinem hohen Arbeitspensum, der gegenseitigen Achtung, Toleranz der politischen Parteien und Bewegungen verkörperte, werden in die Geschichte als Wetterleuchten einer zukünftig zu erwartenden pluralistischen Demokratie eingehen. Am Runden Tisch wurde eine Arbeitsgruppe »Ökologischer Umbau der Gesellschaft« wirksam. Zwei Montage waren nur diesem Thema gewidmet. Die am Runden Tisch erarbeiteten Dokumente sind im gegenwärtigen Prozeß eines überhasteten Anschlusses an die Bundesrepublik schon fast vergessen. Als PDS nehmen wir die Frage des Runden Tisches auf: Wie ist menschenwürdige Naturaneignung heute und in Zukunft nicht nur für uns, sondern für alle Völker möglich?

Spätestens seit der ersten Umweltkonferenz der Vereinten Nationen 1972 in Stockholm werden weltweit die fortschreitenden Umweltbelastungen, Störungen ökologischer Gleichgewichte im regionalen und globalen Maßstab international diskutiert und praktische Maßnahmen unternommen, die Belastungen und damit verbundene ökologische Risiken zurückzudrängen. Umweltbewußtes Handeln im zukünftigen Deutschland zielt auf eine ökologisch orientierte technologische Produktionsweise in Industrie und Agrikultur als Langzeitaufgabe. Die Harmonie zwischen Gesellschaft, Technik/Technologie und Natur bedarf einer neuen technologischen Kultur im Sinne der Neuorientierung des Produktivkräftesystems im gesellschaftlichen Maßstab.

Die historisch neue Dimension der Raum-Zeit-Strukturen von Umweltbelastungen und -zerstörungen, interaktive biologische, physikalische und chemische Prozesse, äußerst komplexe Ursache-Wirkungs-Beziehungen von Umwelteffekten, die oft mehrfach überlagert und dadurch schwer überschaubar sind, erfordern auch aufgrund zeitlicher Verzögerung dieser Effekte weltweite Forschungskooperation. In völlig neuer

Intensität ist Umweltforschung im zukünftigen Deutschland und international erforderlich, um durch theoretischen Vorlauf und praktische Maßnahmen das »Umkippen« von ökologischen Systemen regional und global zu verhindern. Das DDR-Forschungspotential geht hier ein. Umweltforschung muß viel stärker politikwirksam werden. Erforderliche kompatible Umweltdatenzentren, ungehinderter Informationsaustausch und internationaler Einsatz von den Umweltschutz gewährleistenden Hochtechnologien werden zu Schlüsselfragen internationaler Demokratisierungsprozesse. Die völkerrechtliche Kodifizierung der ökologischen Sicherheit muß auch den Informationsaustausch (Informationspflichten) sowie den Einsatz neuer Technologien einschließen. Hierzu bekennt sich die PDS.

Im Verständnis der Partei des Demokratischen Sozialismus als einer modernen, linken, sozialistischen Partei gewinnt das Nachdenken über einen Neuansatz zu den globalen Herausforderungen im Mensch-Natur-Verhältnis zentrale Bedeutung. Angesichts der allgemeinen Überlebenskrise der Menschheit, des Zerfalls jenes »realexistierenden« Systems, das die Erlösung von Ausbeutung, Armut und Ungerechtigkeit versprach, und der jetzt mit der Rekapitalisierung in unserem Teil Deutschlands verbundenen Hoffnungen, Illusionen und zunehmenden Unsicherheiten im individuellen Bereich müssen das *Wohin* und das *Wie* moderner politischer, wirtschaftlicher, soziokultureller Entwicklung neu hinterfragt werden.

Wir sehen heute in der historischen Aufarbeitung der verfehlten Wirtschaftspolitik der SED-Führung, die mit ihrer menschenverachtenden Inkaufnahme ökologischer Langzeitschäden um fragwürdiger wirtschaftlicher Tageserfolge und Prestigeobjekte willen einzelne Territorien des Landes an den Rand der ökologischen Katastrophe brachte, ein deutliches Merkmal des Erneuerungsprozesses der Partei. Jahrzehntelange Schönfärberei, Geheimniskrämerei und verordnete Ignoranz gegenüber Umweltproblemen blieben nicht ohne Wirkung. Noch auf dem außerordentlichen Parteitag im Dezember 1989 stieß Rudolf Bahro mit seinen visionären Mahnungen bei vielen Delegierten auf Unverständnis und Ablehnung. Inzwischen beginnen immer mehr Mitglieder der PDS die Lösung der Umweltprobleme als Fragen des Lebens und des Überlebens der heutigen und künftigen Generationen zu begreifen, an der Erarbeitung und Vertiefung der umweltpolitischen Programmatik mitzuwirken und sich durch Wort und Tat in die ökologische Bewegung der 90er Jahre einzureihen.

Links sein heißt für uns, konsequent für einen *neuen Typ der Evolution menschlicher Geschichte* mitzuwirken. Die Menschheit ist mit Fragen ihrer Existenz konfrontiert. Arbeit und Wirtschaft werden zur Gefahr für das Leben auf der Erde. Fahrlässiger, verantwortungsloser Umgang mit der Natur führt uns in die ökologische Katastrophe. Zugleich nimmt die Zahl der armen, hungernden, kranken und unwissenden Menschen zu. Umweltbelastungen in der Dritten Welt, wie fortschreitende Bodenerosion, Wüstenbildung, Entwaldung, erzwingen eine neue Weltwirtschaftsordnung. Der Protektionismus westlicher Länder gegenüber den Entwicklungsländern wird anachronistisch. Er ist das Spiel ohne Gewinn, denn er ist heute Verlust für diese Länder und in Zukunft der Verlust der Existenzbedingungen der Menschheit. Die Logik kapitalistischer Marktwirtschaft würde mit dieser Entwicklung historisch in die Brüche gehen. Ökologische Marktwirtschaft gibt es (noch?) nicht. Das Laissez-faire-Prinzip bringt zwar partiell Effektivität, aber global überläßt es die Evolution dem Zufall, dem freien Spiel des Marktes. So führen Konkurrenz und Marktgesetze zu irreversiblen Zerstörungen der Biosphäre. Um überlebensfähig zu sein, bedarf die Menschheit einer Marktwirtschaft, wo durch nationale und internationale Umweltstandards für die Wirtschaftstätigkeit und den Konsum sowie durch internationale Umweltkontrolle, vorsorgendes Umweltrecht die ökologische Sicherheit erzwungen wird.

Die PDS versteht sich als politische Kraft, die im linken Spektrum der Parteien und Bewegungen für diesen neuen Typ der Evolution eintritt. Er beinhaltet die rationelle, naturschonende, menschenwürdige und vorsorgliche Gestaltung des Stoffwechsels zwischen der Gattung Mensch und der Natur. Dauerhafter Frieden, Abrüstung auch für den Umweltschutz, wirtschaftliche Stabilität und Chancengleichheit durch eine neue Weltwirtschaftsordnung, Wachstum, welches nicht Maximierung des Wohlstandes, sondern Stabilisierung der Grundversorgung bei minimalem Ressourcenverbrauch und Gesunderhaltung jedes einzelnen beinhaltet – das sind Ziele und Mittel eines Fortschritts, der nicht auf Kosten der Natur erkauft wird.

Links sein heißt für uns, sowohl die Geschichte der Naturaneignung des »Realsozialismus« kritisch aufzuarbeiten wie die kapitalistische Naturaneignung zu kritisieren. Beide Gesellschaftssysteme haben in bezug auf weitsichtige rationelle Naturaneignung versagt. Im »Realsozialismus« der DDR bestimmte das bornierte Interesse der Politbürokratie, im Kapitalismus bestimmt das bornierte Motiv Profit die Naturaneignung. Das Produktivkräftesystem des Kapitalismus des 19. Jahrhunderts forcierte die Verarbeitungstechnologien auf Kosten des Arbeiters und der Natur, Entsorgungstechnologien wurden vernachlässigt. Die Entwicklung in den Ländern des »Realsozialismus« kopierte dieses Produktivkräftesystem. Die naturwissenschaftlich treu zu konstatierenden Fakten der Umweltzerstörung in Mitteleuropa verdeutlichen, daß beide Gesellschaftssysteme die Umweltzerstörung nicht aufhalten konnten. Die jährlichen Umweltschäden für die BRD werden grob wie folgt geschätzt: Luftverschmutzung 48 Mrd. DM; Lärmschäden 32,7 Mrd. DM; Gewässerverschmutzung 17,6 Mrd. DM; Bodenzerstörung 5,2 Mrd. DM. Das entspricht etwa 6 Prozent des Bruttosozialprodukts.

Wie die »ökologische Marktwirtschaft« in der BRD beweist, können weder das Gemeinlastprinzip noch das Verursacherprinzip die Umsatz- und Profitmaximierung außer Kraft setzen. Im ersten Fall werden die Mehraufwendungen über Steuern, im zweiten Fall über die Preise der Waren auf die Bürger abgewälzt. Wenn jetzt der gesamte Energiesektor der DDR an drei Energiekonzerne der BRD verkauft werden soll, so wird mit der möglichen Umweltsanierung durch entsprechende Strompreisgestaltung weder die verschwenderische Energieerzeugungs- noch Energieverbraucherstruktur beseitigt werden müssen. Die Bürger bezahlen dann die Umweltsanierung, ohne daß der Profit der Monopole geschmälert wird. Die Kommunen werden entmündigt. Eine wesentliche Quelle kommunalen Reichtums entfällt. Kommunale Selbstverwaltung bleibt ein frommer Wunsch, wenn sie sich nicht selbst finanzieren kann. Die PDS setzt sich mit der SPD und dem Bündnis 90/Grüne dafür ein, daß die Kommunen Miteigentümer der Energiesysteme in den einzelnen Bundesländern werden.

Links sein heißt für uns, für staatliche Programme der Umweltschutzinvestitionen, Energieeinsparinvestitionen, für preiswerte Nahverkehrsmittel, für die Überführung strategisch wichtiger Industrien in staatliches und kommunales Eigentum und dessen demokratische Kontrolle einzutreten.

Wir betrachten die Umwelt nicht losgelöst von den Menschen. Gestaltung von Umweltqualität als Lebensqualität hat in der Ökonomisierung der gegenständlichen und raumzeitlichen Lebensbedingungen der Bürger ihre wesentliche Grundlage. Aber für uns ist diese Ökonomisierung mehr als die im gegenwärtigen Kapitalismus vorherrschende, dem Profitinteresse untergeordnete, formelle Sachlichkeit von Gebrauchswerten. Sie ist vielmehr auf die volle Entwicklung der Individuen gerichtete Schaffung von Gebrauchswerten. Kommunales Eigentum bietet dafür günstige Voraussetzungen. Wenn zum Beispiel das Bedürfnis nach Schönheit der Umwelt massenhaft auftritt, warum sollte dann das Produkt der Umweltgestaltung nicht auch Schönheit sein? Erhaltung ökologischer Vielfalt und Schönheit von Landschaft muß auch ohne ökonomischen Gewinn zum Produktionsziel erklärt und praktisch verwirklicht werden. Nur so sind die bornierten Grenzen angeblich ökologischer Marktwirtschaft zu überwinden. Wir sind keine Puritaner. Umweltbewußtes Handeln orientiert auch auf

Lebensgenuß, Schönheitsgenuß, Erholung, Muße, Besinnung an ruhigem Ort – als Ausdruck reicher Individualität, reicher Innerlichkeit. Allerdings dürften diese Bedürfnisse vieler DDR-Bürger in den nächsten Monaten kaum zu befriedigen sein, da mit den Strukturveränderungen, der Stillegung vieler Betriebe, der allgemeinen Rechtlosigkeit und sozialen Verunsicherung, der drohenden Arbeitslosigkeit für Tausende Werktätige die Angstpsychosen als neue soziale Erfahrung um sich greifen. Karl Marx hielt für ein Grunderfordernis moderner Zivilisation, die Umwelt so zu gestalten, daß die Verhältnisse des praktischen Werkeltagslebens der Menschen tagtäglich durchsichtig vernünftige Beziehungen zueinander und zur Natur darstellen.

Diese Feststellung besitzt heute in neuer Weise Bedeutung. Mit der Stillegung von umweltbelastenden Betrieben sind zugleich Struktur und Arbeitsbeschaffungsprogramme zu erarbeiten, um damit die allgemeine soziale Verunsicherung abzubauen. Viele Bürger der DDR, die am 18. März an die Wahlurne gingen, wußten nicht, was mit der Entscheidung, die sie trafen, auf sie zukommen würde. Die PDS setzt sich für transparente sozial-ökologische Sanierungsprogramme ein, die von den Bürgern miterarbeitet und mitverantwortet werden. Der notwendige ökonomisch-technologische Strukturwandel ist mit der Schaffung von neuen Arbeitsplätzen zu koppeln. Ein Zukunftsinvestitionsprogramm für den Umweltschutz in Milliardenhöhe wäre durch Steueraufkommen, Abgaben und durch einen Solidar-Beitrag der Bundesrepublik zu finanzieren.

Betriebliche Umweltpolitik, verantwortet von Belegschaften und Betriebsräten – Ausdruck der Mitbestimmung und notwendig insbesondere bei Neuinvestitionen – gehört zu den wichtigsten Ansatzpunkten demokratischer Erneuerung im zukünftigen Deutschland. Die Verantwortung des einzelnen wird durch qualifizierte betriebliche Umweltinformationspolitik unterstützt. Das vorhandene Innovationspotential der Beschäftigten ist so im Interesse der Erhaltung der Natur und der Arbeitsplätze zu nutzen.

Von besonderer Bedeutung für die PDS ist die Frage, was bringt die DDR in das zukünftige Deutschland ein? Das gilt auch in bezug auf Erfahrungen bei der Umweltgestaltung und beim Umweltschutz. Davon war und ist auch unser Standpunkt zur Ausgestaltung der deutsch-deutschen Umweltunion geprägt, die im Umweltrahmengesetz ihre erste juristische Fixierung gefunden hat. Mit der Behandlung dieses Gesetzes in der Volkskammer war jede Fraktion gefordert, ihre Position zu diesem Fragenkomplex zu bestimmen. Vor der Volkskammer erklärten wir am 15. Juni 1990 unter anderem:

»... Es geht nicht nur um Marktwirtschaft. Die *ganze* Produktions- und Lebensweise ist radikal zu verändern im Sinne ihrer Ökologisierung. Das betrifft auch die kritische Überprüfung unserer Konsumbedürfnisse. Das Grundrecht auf gesunde Lebensweise in gesunder Umwelt darf nicht nur zum Verfassungsrecht erklärt, sondern muß durch eine übersichtliche Umweltgesetzgebung, durch neue Technologien, durch ökologisch orientierte Ökonomie und umweltbewußtes Handeln aller Bürger mit Leben erfüllt werden...

Die PDS-Fraktion unterstützt die Bemühungen des Umweltministeriums der DDR, mit dem Umweltrahmengesetz in der DDR zur wirksamen Umweltvorsorge zu kommen und eine Umweltunion zwischen DDR und Bundesrepublik zu bilden. Es ist die historisch einmalige Chance, mit dem Neubeginn eine konsequent ökologische Orientierung der Produktion und Konsumtion durchzusetzen.

Wir sind der Auffassung, daß nicht nur Umweltrecht der BRD übernommen werden sollte, sondern auch jenes Umweltrecht, das – bei aller Einschränkung – sich in der DDR bewährt hat, weitergeführt wird. Noch wichtiger ist, daß die ökonomische Politik bei uns ökologisch greift. Die Autoindustrie ist da allerdings ein schlechtes Beispiel. Die erhöhte CO_2-Emission bei der Steigerung der Anzahl der Autos auf 4 bis 8 Millionen in unserem Territorium in den nächsten Jahren kann auch durch Katalysator nicht beseitigt werden.

Unser Standpunkt zum Umweltrahmengesetz:

Erstens: Prinzipiell kann davon ausgegangen werden, daß das Umweltrecht der BRD mit den in den 80er Jahren erfolgten Novellierungen einen fortgeschrittenen Stand erreicht hat. Mit der Übernahme und vor allem der Durchsetzung der Bestimmungen und Vorschriften wird zweifellos eine spürbare Verbesserung der Umweltsituation bei uns möglich, insbesondere bei Neuinvestitionen, wo mit dem BRD-Immissionsschutzgesetz ein Umweltdumping auf dem Territorium der jetzigen DDR vermieden werden kann.

Zweitens: Die Bedrohung unserer natürlichen Umwelt durch Umweltbelastungen machen gemeinsame Initiativen für Umwelt und Arbeit erforderlich. Notwendige Investitionen für Sanierung von Schäden und Vermeidung zukünftiger erfordern sowohl ökonomischen Strukturwandel wie neue Arbeitsplätze in den Bereichen, die von Stillegungen betroffen sind. Das Umweltrahmengesetz müßte auf die soziale Seite des Umweltschutzes eingehen, indem auf Arbeitsplatzbeschaffungsprogramme und Umschulung verwiesen wird. Wir brauchen auch eine Umwelt- und Sozialunion.

Drittens: Nach unserer Ansicht sind die Fragen der Abfall- bzw. Sekundärrohstoffwirtschaft nicht im Rahmengesetz berücksichtigt. Das Rahmengesetz bietet keine gesetzliche Handhabe, den zunehmenden Import von Plastverpackungen, Einwegflaschen und Dosen zu reduzieren bzw. zu unterbinden. Bezeichnenderweise haben selbst Vorstellungen von BRD-Umweltminister Töpfer bezüglich einer »Verpackungsabgabe« im Entwurf keine Berücksichtigung gefunden. Wir fordern deshalb, den international anerkannten Rechtsvorschriften der DDR zur Erfassung und Nutzung von Sekundärrohstoffen im Rahmengesetz gebührend Platz zu geben.

Zugleich ist auf die ökonomischen Regelungen zu verweisen. Es ist zweckmäßig, über Steuern sowie über entsprechend hohe Entsorgungs- und Deponiegebühren gegenüber den Verursachern in Industrie und Gewerbe das ökonomische Interesse an der Abfallvermeidung bzw. -wiederverwendung wirksam zu stimulieren.

Viertens: Auffallend ist, daß in den Bestimmungen und Regelungen zur Landschaftspflege die Probleme der Landwirtschaft keine Rolle spielen. Die in der BRD geltende Regelung, die Stillegung von Ackerflächen (Brache) staatlich zu fördern und so auf fünf Jahre eine Überschußproduktion einzudämmen, ist angesichts des globalen Problems der Unterernährung in der Welt moralisch höchst fragwürdig.

Einer solchen Orientierung, unter dem Vorzeichen des Naturschutzes und der Landschaftspflege, können wir nicht zustimmen. Vielmehr sollten Möglichkeiten des ökologischen Landbaus aktivere staatliche Förderung erfahren. Wir fördern als PDS auch die Öko-Dorf-Bewegung!

Fünftens: Während die BRD hinsichtlich der Rechtsprechung und Rechtsdurchsetzung über vielfältige Institutionen, Mittel und Erfahrungen verfügt, ist die Umweltkontrolle in der DDR zersplittert und sowohl materiell als auch personell unterentwickelt – eine »Altlast« der SED-Nicht-Umweltpolitik. Das Umweltrahmengesetz müßte durch verbindliche Auflagen zur Verwaltungsorganisation im Bereich der Umweltkontrolle ergänzt und untersetzt werden. Eine Durchführungsverordnung ist erforderlich. Das betrifft insbesondere die Forderung, in den Länderverfassungen und Ländergesetzen den Aufbau entsprechender Kontrollinstitutionen und ihre materielle und personelle Absicherung vorzusehen. Die Akademie der Wissenschaften, Universitäten und Hochschulen sollten diesen Prozeß unterstützen.

Sechstens bedarf die Verwirklichung des Umweltrahmengesetzes einer qualifizierten Öffentlichkeit. Umweltschutzbeauftragte sind auszubilden. Bürgerbewegungen sind zum Beispiel in die Standortfindung frühzeitig einzubeziehen. Das ist eine Erfahrung, die wir zum Beispiel im Bezirkstag Dresden sammelten, als es um den Bau eines Reinst-Silizium-Werkes in Dresden-Gittersee ging.

Siebtens müßte die Flächenkonversion von Truppenübungsplätzen im Gesetz verankert werden. Abrüstung für den Umweltschutz, das ist nicht nur für die DDR wichtig, sondern sollte eine Linie der Politik im zukünftigen Deutschland werden. Die DDR geht hier mit praktischen Beispielen voran.

Achtens müßten mit dem Rahmengesetz Zeichen gesetzt werden, wie die DDR Beiträge zur Lösung globaler Probleme liefert. Das Umweltrahmengesetz zielt auf die deutsche Umweltunion. Und diese Umweltunion ist nicht nur das Ziel, sondern zugleich das Mittel, um im europäischen Raum die Umweltsituation bis zum Jahre 2000 wesentlich zu verbessern...«

Die PDS rezipiert aufgeschlossen die in der linken und ökologischen Bewegung Westeuropas entwickelten alternativen Lösungswege, die über die am Profit orientierte Wirtschaftsordnung hinausweisen. Umweltpolitik links und sozialistisch, das heißt mithin für uns, aktiv für eine demokratisch kontrollierte, nach dem Recyclingprinzip arbeitende, ökologisch verantwortbare Kreislaufwirtschaft mit qualitativem Wachstum zu wirken. Dazu gehört, für dezentrale überschaubare und demokratisch gestalt- und verwaltbare Wirtschaftseinheiten zu streiten. Es schließt ein, dafür zu wirken, Großkonzerne in überschaubare Betriebe zu entflechten, die von den Beschäftigten selbst oder gleichberechtigt mit den Kapitaleignern mitverwaltet werden. Wir gehen davon aus, daß langfristig stabile Entwicklung in Industrie- und Entwicklungsländern nur erreichbar ist, wenn die menschliche gesellschaftliche Produktion so verfährt wie die Natur selbst: Kopplung von Aufbau- und Abbauprozessen, wenn abproduktarme, Vorsorge- und Einsparungstechnologien größere Harmonie zwischen Mensch und Natur ermöglichen.

Auch für die PDS verbindet sich ebenso wie für andere Linke Umweltpolitik mit dem Bekenntnis zu einer ökologischen Wirtschaftsdemokratie: durch demokratische Rahmenplanung, Kontrolle unternehmerischer Entscheidungen und gleichberechtigte Mitbestimmung der Arbeitenden, der Konsumenten und der Volksvertreter.

Wir setzen uns dafür ein, daß auch im künftig einigen Deutschland die Erfahrungen des Herbstes '89 und des Frühjahres '90 mit dem Wirken »Runder« und »Grüner Tische«

zentral wie kommunal für die Suche nach humanen, sozialer Gerechtigkeit verpflichtenden Lösungen für Umweltprobleme genutzt werden. Es wird auch für die demokratische Entwicklung im zukünftigen Deutschland ein wichtiger Impetus sein, wenn die »Grünen Tische« als Beratergremien der Umweltbehörden und basisdemokratischer Ökologiegruppen zur Unterstützung parlamentarischer Umweltausschüsse fortbestehen.

Wir sind dafür, daß zu Umweltsanierungsprogrammen, Flächennutzungsplänen, Wärmeversorgungskonzeptionen, Stadt- und Gemeindeordnungen und Standortfragen eine breite öffentliche Diskussion geführt wird. Notwendig ist, basisdemokratische Elemente bis hin zu Volksabstimmungen und Bürgerentscheiden in Länder- und Kommunalverfassungen zu verankern.

Uns darf es nicht gleichgültig sein, was aus der Natur wird, der wir mit jeder Faser unseres Lebens angehören. Und so sind wir alle in die Pflicht genommen, in die Naturbewahrungspflicht, unabhängig von Parteizugehörigkeit und Weltanschauung. Mit anderen Worten: Das Thema Umwelt ist zu wichtig, als daß sich politische Parteien und Bewegungen da gegeneinander profilieren.

Das Miteinander ist gefragt.

Es geht darum, daß sich jeder einzelne immer bewußter in seinen Wertvorstellungen, seinen Bedürfnissen und im Alltagsverhalten an einer schönen und gesunden Umwelt orientiert. Fragen der Umweltbildung und -erziehung gewinnen existentielle Bedeutung. Hier haben wir ernste Versäumnisse zu überwinden. Um so wichtiger, die Menschen für Umweltprobleme und ihren Zusammenhang mit der Entwicklung demokratischer soziokultureller Strukturen zu sensibilisieren. Jede Verharmlosung schlägt ins Gegenteil um. Übereinstimmend mit Günter Eulefeld geht es uns in der Umwelterziehung um »eine Erhaltung oder Erneuerung eines Denkens und Handelns, das an biologischen und soziologischen Langzeitprozessen, an den Lebensbedingungen zukünftiger Generationen orientiert ist. Umwelterziehung ist deshalb nicht auf Schule begrenzt, sie bezieht vielmehr alle Bereiche des öffentlichen Lebens ein.« Gefordert sind Umweltbewußtsein und Umweltethik, die Bewertung und Steuerung des eigenen Verhaltens aus der Sicht der persönlichen Mitverantwortung für die Beherrschung der Ökologie der Zeit, des Zeitzwangs, unter dem die Menschheit bei der Lösung der Umweltprobleme steht. Verständnis für deren globale Dimensionen verlangt zudem eine Bildung, die auf tiefer Achtung vor der Mannigfaltigkeit und Unterschiedlichkeit der Kulturen, der Lebens- und Denkweisen, der Standpunkte, Traditionen und Geschichte beruht. Das ist offensichtlich unerläßlich, um stereotypem, vereinheitlichendem Denken und Verhalten entgegenzuwirken, wie es moderne Industrialisierung mit Massenproduktion und -konsumtion tendenziell vorprägt. Überhaupt sehen wir bedeutsame Anliegen von Umweltbildung und -erziehung darin, einer profitorientierten Bedürfnismanipulierung, die den Menschen letztlich zum kommunikationsarmen, passiven Konsumenten vorprogrammierter Lebensprozesse degradieren könnte, das Streben nach mehr Lebensqualität entgegenzustellen. Es geht darum, daß die Menschen sich Einsichten erarbeiten, ihre Komfortansprüche und Konsumbedürfnisse im Sinne langfristiger Vorsorge auf Erfordernisse der Naturbewahrung einzustimmen. Die zeitlich überschaubaren Existenznöte, die auch das Ende der menschlichen Gattung bedeuten können, verlangen heute Umweltwissen, sachkundige Informationen in solchem Ausmaß, daß jeder rechtzeitig richtig zu handeln vermag. Reagieren und Heilen genügen längst nicht mehr. Die Neubestimmung des Verhältnisses zur Natur – das ist tiefster Sinn auch unserer Umweltpolitik – heißt Vorausschauen und Vermeiden.

André Brie

Befreiung der Visionen. Für eine friedliche, kooperative und solidarische Welt

1

Auf die Gefahr hin, es – auch in diesem Buch – zum x-ten Male zu wiederholen – es ist ja der Ausgangspunkt aller politischen Analysen in Europa: Der Realsozialismus in Osteuropa ist vollständig gescheitert. Er wird sich auch in Asien und Kuba in seiner bisherigen Form nicht bewahren lassen. Er war ein Irrweg, eine Sackgasse, ja, gemessen an seinem Beitrag zur Verschärfung globaler Probleme, ein Weg in den Abgrund. Die moderne bürgerliche Gesellschaft des Westens scheint aus der 70jährigen Systemauseinandersetzung und dem kalten Krieg als Sieger hervorgegangen zu sein.

Sie hat sich in beträchtlichem Maße als entwicklungs-, reform- und innovationsfähig erwiesen. Aus ihren wiederholten und nicht selten tiefen Krisen dieses Jahrhunderts ist sie verändert, moderner und letztlich wohl sogar gestärkt hervorgegangen. Die parlamentarische Demokratie, Rechts- und Sozialstaatlichkeit, Gewaltenteilung sowie eine moderne Öffentlichkeit haben ihr zudem immer wieder eine effektive politische und soziale Integration auch systemkritischer Kräfte und eine weitreichende Konsensbildung erlaubt. Verständlich das Triumphieren der Konservativen in den USA, Japan und Westeuropa, das Gefühl einer geschichtlichen Niederlage bei der sozialistischen Linken. Selbst jene ihrer Strömungen, die dem Realsozialismus immer kritisch und ablehnend gegenüberstanden, sind mit in die Legitimationskrise hineingerissen worden.

Doch was hat sich eigentlich geändert? Gescheitert ist ein Sozialismus-Modell, das in seinen grundsätzlichen Zügen kaum sozialistisch zu nennen war. Das darf kein Anlaß sein für eine Sozialistenmentalität, sich frei von Verantwortung und Niederlage zu fühlen. Vor allem: Sozialistische Erneuerung ist nicht unmittelbar möglich. Mehr noch: Erstmalig mit der Gefahr eines absehbaren Endes ihrer Geschichte konfrontiert, verliert die Menschheit unwiederbringliche Zeit. Zudem: Begriffe haben ihre eigene Macht in der Öffentlichkeit und erst recht bei den Linken, deren kommunikative politische Kultur der politischen Verständigung bedarf und auf sie gerichtet ist. Das wird heißen müssen, konsequent von der schmerzhaften These auszugehen, daß Sozialismus gescheitert ist, wenn auch nur eine seiner Formen, einer unreifen, verzerrten und entsetzlich mißbrauchten Form von Sozialismus. Wenn man/frau so will und ein Bonmot helfen könnte – ein nichtsozialistischer Sozialismus. Ohnehin wäre es aber wichtiger, sich über die drängenden Erfordernisse gegenwärtiger Politik und Gesellschaftsentwicklung im Konkreten zu verständigen, als einen ideologischen Kategorienstreit zu entfesseln. Das vielleicht gefährlichste Moment realsozialistischen Scheiterns läßt sich nämlich dort finden, wo es – öffentlich zumindest – nicht gesucht wird: in der Selbstzufriedenheit des Westens, der modernen bürgerlichen Gesellschaft, deren Veränderungsbedürftigkeit offensichtlich sein sollte, die im Lichte ihres (?) »Sieges« jedoch wirkliche Überlebensfragen der gesamten Menschheit ebenso mißachtet, wie vor allem verursacht und verschärft. Darüber hinaus droht nun eine Selbstveränderung der bürgerlichen Gesellschaft, die rückwärts gerichtet ist (die Art und Weise deutscher Vereinigung mit ihren noch nicht absehbaren Implikationen für den Demokratie-, Rechtsstaat- und Sozialstandard der BRD ist ein Indiz), da der bisherige Realsozialismus als Herausforderung entfällt und der kapitalistische Weltmarkt seinen endgültigen Alleinvertretungsanspruch verkündet. Die Verkümmerung europapolitischer Visionen zu einem Gerangel um die taktisch beste Variante, die Sowjetunion aus Deutschland und Europa herauszudrängen bzw. die eben noch vielbeschworene Europäisierung Deutschlands mit seiner Westeuropäisierung abzugelten und dieses Westeuropa wiederum zu D-Mark-kratisieren, sind bezeichnend und alarmierend – vorausgesetzt, man/frau ist in Deutschland und Europa noch zu derartigen Emotionen und Erkenntnissen bereit.

2

Die siegreiche bürgerliche Gesellschaft steht hilflos den tiefgreifenden innergesellschaftlichen Umbrüchen gegenüber, die ihr System längst in geschichtlich beispielloser Tiefe und Dynamik erfaßt haben: Zweidrittelgesellschaft, ungeahnte soziale Differenzierungen in allen Klassen und Schichten, Individualisierung, die zu Vereinzelung, Einsamkeit, Egoismus und Ellenbogengesellschaft, statt zur freien Entwicklung des Individuums als Bedingung für die freie Entwicklung aller, zu einer solidarischen und kommunikativen Kulturgesellschaft führen. Eine Chance, die erstmalig existiert. Niemals in der Geschichte der menschlichen Zivilisation war daher die Kluft zwischen sozialer Möglichkeit und sozialer Praxis und damit die moralische Fragwürdigkeit der Gesellschaft so groß wie heute.

International bringt die beispielhafte mikroökonomische Rationalität der kapitalistischen Marktwirtschaft eine makroökonomische – volkswirtschaftliche, gesellschaftliche und globale – Irrationalität hervor, die durch die Militarisierung der internationalen Beziehungen und des gesamten gesellschaftlichen Alltags, unaufhaltsam wachsenden Ressourcenverbrauch, Markt- und Bedürfnisexpansion, die Unterordnung der Frau unter patriarchalische und Kapitalverwertungsstrukturen, die globale Zerstörung der Ökosphäre sowie den unbeherrschbar werdenden Konfliktstoff im Nord-Süd-Verhältnis zur akuten Bedrohung für die menschliche Zivilisation geworden ist. Das wohl schwierigste und kaum zur Kenntnis genommene Problem besteht in der extremen und wachsenden Komplexität der globalen Herausforderungen: Es wird keine Lösung der ökologischen Krise geben ohne eine gerechte Weltwirtschaftsordnung, keine gemeinsame Entwicklung ohne radikale Abrüstung, keine Beherrschung von Wissenschaft und Technik ohne Koevolution der unterschiedlichen Gesellschaften. Verdeckt von den glitzernden Fassaden kapitalistischer Metropolen, den Suchtmitteln der Kaufhaus- und Wegwerfgesellschaft und den bunten Bildern einer monopolistischen Medienindustrie, die auch menschliche Kultur und Kommunikation der Vermarktung unterworfen hat, ist diese Zivilisation in eine existentielle Krise geraten, von der auch ihre manipulierende Begrifflichkeit kündet.

Die »dritte Welt« wird gedanklich aus der einzigen Welt, die wir haben, verdrängt, was kapitalistische Ökonomie und Politik bereits vollzogen hatten, um das Schmarotzertum der »ersten Welt« zu gewährleisten. Soziale Marktwirtschaft heißt ein System, das nicht nur große Teile der eigenen Bevölkerung ins soziale Abseits stellt, sondern mehr als die Hälfte der Menschheit mit einem Alltag konfrontiert, der von Verhungern, Obdachlosigkeit, Analphabetentum und dem Fehlen elementarster medizinischer Betreuung gekennzeichnet ist.

Als Sicherheitspolitik wird etwas bezeichnet, das eine dutzendfache Overkill-Kapazität hervorgebracht hat, als Umweltpolitik die Reparatur und Milderung von Umweltzerstörung, die zum einen keinen wirklichen Schutz der Umwelt bedeutet, zum anderen Ressourcenverbrauch und Umweltbelastung nur in andere geographische Regionen oder in andere Wirtschaftsbereiche, darunter den der sogenannten Umweltindustrien delegiert. Und um ein letztes Beispiel zu nennen für diese Aufzählung, die sich noch lange fortsetzen ließe, und für eine besondere Pervertierung von Sprache und eurozentristischem Denken: Was wir als Solidarität und Entwicklungshilfe ausgeben, ist, obwohl subjektiv oft gut und ehrlich gemeint, ein äußerst wirksamer und fast unerläßlicher Beitrag dazu, die Ausbeutung und das Elend der Völker auf der südlichen Halbkugel zu verewigen. Unterentwicklung der Länder Asiens, Afrikas und Lateinamerikas ist in Wirklichkeit eine Unterentwicklung europäischen, nordamerikanischen und japanischen

Denkens. (Auch der allgemein gebräuchliche und schwer ersetzbare Begriff der »Entwicklungsländer« suggeriert mit seinem europäischen Maßstab dessen, was Entwicklung ist, die weitverbreitete Arroganz und Ignoranz des Westeurozentrismus.)

3

Es geht um prinzipielle Veränderungen menschheitlicher Entwicklungsrichtung innerhalb weniger Jahrzehnte. Der Zeitdruck ist ungeheuer, die Situation ist dramatisch. Und ihre Dramatik besteht nicht zum mindesten darin, daß schon der Hinweis auf existentielle Bedrohungen als unseriöser Kassandraruf, überflüssige Panik charakterisiert werden und vor allem die Gesamtsituation, in der sich die Menschheit befindet, verdrängt wird. Die Welt wurde bisher durch die Brille der Ost-West-Konfrontation betrachtet. Diese Brille hat die Europäer und Nordamerikaner blind gemacht. Oder diese Welt wird aus dem Sessel vor dem Fernseher beobachtet und mit den verlogenen Bildern des Kommerzfunks identifiziert.

Wie leicht geht es uns von den Lippen, daß wir nur diese eine Welt haben, daß wir sie nur von unseren Kindern geborgt haben, daß die Welt ganzheitlich geworden ist und unsere uralten sozialen und ökologischen Probleme globalen Charakter angenommen haben. Beunruhigend, was uns beruhigt: die goldbedruckte Einwegflasche für beide deutsche Staaten, der Dreiwegekat und seine Verbreitung auf den fünf Kontinenten, die Zweidrittelgesellschaft und ihr Export in die Vierfünftelwelt, der Umgang mit dieser einen Welt, als hätten wir noch eine zweite.

In einer Zeit, die wieder einmal Riesen brauchte, Riesen an Geist und Tatkraft, da schafft diese Zeit offensichtlich nur Gartenzwerge. Ach, und was nützten ihr auch ein paar hundert, sie kann ja nur mit fünf Milliarden Riesen überleben, oder, um dieses vielleicht doch nicht passende Bild zu verlassen, mit fünf Milliarden Menschen, die endlich wirklich menschlich sein können.

4

Die Menschen können nicht mehr weiterleben wie bisher, miteinander und mit der Natur. Sie werden es nicht überleben. Sie sind eine Menschheit geworden, doch ihr Empfinden, Denken und Verhalten bewegt sich in den Grenzen des Egos, der Klasse oder allenfalls der Nation. Wissenschaft und Technik, die modernen Produktiv- und Destruktivkräfte, globalisierte Produktionsverhältnisse und weltweite Kommunikation haben aus der Menschheit eine vielfältige Schicksals-, Verantwortungs- und Entwicklungsgemeinschaft gemacht. Die menschlichen Reproduktionsbedingungen haben globales Ausmaß angenommen, die reale Reproduktion allerdings ist nationalstaatlich oder höchstens regional organisiert. Diese Kluft zwischen globalen Erfordernissen und nichtglobaler Realität ist tödlich: Sicherheit gibt es nur noch miteinander. Wenn die Sowjetunion nicht sicher ist, kann es der Westen nicht sein. Und umgekehrt. Doch unverändert gewährleistet jede Seite immer noch die eigene Sicherheit gegen die andere. Sicherheit kann nur noch in engen und sich weiter verengenden Grenzen militärisch aufrechterhalten werden. Der Ausweg aus dem Dilemma ist politischer Natur – die Abrüstung der irrational gewordenen militärischen Arsenale und die Lösung der wirklichen Sicherheitsprobleme der Völker und Gesellschaften, die sich aus den globalen Bedrohungen ergeben. Ähnlich sieht es auf allen anderen relevanten Gebieten aus.

Es ist ein Allgemeinplatz, daß die Ökosphäre nicht teilbar ist, die Umweltpolitiken auf diesem Erdball aber sind hundertfach national geteilt, und was europäische Hände möglicherweise an der einen Stelle, natürlich in Europa, ökologisch sorgsam im einzelnen aufbauen, das reißt der europäische Hintern an anderer Stelle, natürlich in Asien, Afrika oder Lateinamerika, in viel größerem Umfang ein. Ohnehin muß endlich zur Kenntnis genommen werden, daß die Ursachen für die bedrohlichen ökologischen Probleme der Urwaldabholzung, Verwüstung, Versteppung und Bodenerosion nicht primär in jenen Ländern zu finden sind, in denen sie sich zeigen, sondern in den kapitalistischen Industriestaaten des Nordens. Selbst die sozialen Katastrophen auf der südlichen Halbkugel der Erde werden sich unvermeidlich als eine globale Katastrophe erweisen, sei es, indem sie sich mit der ökologischen Krise verbinden, sei es durch politische und militärische Konflikte, die sich als Zündschnur für einen Weltbrand erweisen werden, durch die Weiterverbreitung von Kernwaffen oder vielleicht eine nicht beherrschbare und beispiellose Völkerwanderung.

Nicht minder bedrohlich ist auch die ökonomische und technologische Kluft zwischen West und Ost sowie zwischen Nord und Süd. Die vorherrschende Mentalität des Westens, in Rückständigkeit, Nachteilen und Niederlagen des Ostens eigene Vorteile und Siege zu sehen, wird sich in dieser interdependenten und ganzheitlichen Welt letzten Endes als Eigentor erweisen. Ohnehin wird die wissenschaftlich-technische Revolution sozial und technisch nur dann beherrschbar sein, wenn ihr grundsätzlich andere globale Bedingungen geschaffen werden, die nicht nur den militärischen Mißbrauch ihrer Ergebnisse ausschließen, sondern auch die von kommerzieller und machtpolitischer Konkurrenz getriebene Jagd nach allem technisch Machbaren beenden.

Im Prozeß der Globalisierung begriffen sind auch die geistig-kulturellen Reproduktionsbedingungen der Menschheit. Zeugnis davon wird bisher, allerdings in erster Linie in negativer Hinsicht, durch die weltweite Dominanz US-amerikanischer Medienmonopole abgelegt. Die geistige und kulturelle Öffnung der Gesellschaften ist heute unerläßlich, auch um aus dem Reichtum internationalen Austausches die Bewahrung lebendiger nationaler kultureller Identität zu speisen.

5

Europa ist nicht der Nabel der Welt; die Nabelschnur allerdings, die heute Europa wie alle Kontinente und Kulturkreise miteinander verbindet, ist – was Europa betrifft – auch keine

Lebensader für die anderen Völker. Sie wird durch Rüstungs- und Giftmüllexporte und den Import von materiellem und geistigem Reichtum auf Kosten der Länder Asiens, Afrikas und Lateinamerikas zur tödlichen Bedrohung des Südens und zur Quelle der Bereicherung satter Europäer. Das Nachdenken über ein modernes Europakonzept kann daher auch nicht auf eine Abschottung des Kontinents, sondern muß darauf gerichtet sein, die gesamteuropäische Entwicklung auf die Beantwortung der globalen Herausforderungen und die Einleitung einer solidarischen Entwicklung zwischen Ost und West, Nord und Süd zu lenken. In Europa sind alle Prozesse, die heute eine Internationalisierung und Globalisierung gesellschaftlicher Reproduktion auf den entscheidenden Gebieten verlangen, am weitesten ausgeprägt. Gleichzeitig existiert auf diesem Kontinent mit dem KSZE-Prozeß eine vergleichsweise günstige Grundlage für die Schaffung qualitativ neuer – gesamteuropäischer – Sicherheits- und Kooperationsstrukturen. Dabei muß jedoch berücksichtigt werden, daß auch die KSZE gewissermaßen ein Produkt der Staatenbeziehungen des kalten Krieges ist, wenngleich sie auch den Versuch seiner Überwindung darstellte.

Europäische Politik steht vor prinzipiell neuen Herausforderungen. Ihre bisherigen Grundlagen existieren in weitem Umfang nicht mehr. Am 9. November 1989 war der kalte Krieg endgültig zu Ende. Die Block-Konfrontation gehört der Geschichte an. Überhaupt besteht die Geschäftsgrundlage europäischer Staatenbeziehungen in Gestalt eines Ost-West-Verhältnisses nicht mehr. Noch fällt es jedoch Politikern wie der gesamten Öffentlichkeit in ganz Europa schwer, sich aus diesen Denkstrukturen zu befreien.

Auch die europäische Realität ist noch vielfach von west-östlichem Bilateralismus geprägt, der selbst keine Realität mehr ist. Er liegt entscheidenden Politikbereichen noch immer zugrunde – ob es nun um Verhandlungsinhalte in den KSZE-Treffen, das Mandat und die Verhandlungspraxis der Wiener CFE-Gespräche über konventionelle Abrüstung oder die Zwei-plus-Vier-Verhandlungen geht. Folgenschwerer ist jedoch die Tatsache, daß die grundsätzlichen Veränderungen in der politischen Landschaft Europas bisher keinen entsprechenden Wandel in der Politik und Strategie der westlichen Staaten und ihrer Zusammenschlüsse bewirkt haben. Riesige hochgerüstete Armeen mit irrationalen Vernichtungspotentialen stehen ohne Feindbild und reale Bedrohung da, doch von ihrer radikalen Abrüstung ist nichts zu bemerken. Im Gegenteil, auch ohne ihre in den vergangenen Jahrzehnten stereotyp behaupteten Motive und Triebkräfte geht die Hochrüstung weiter.

Es zeigt sich, was Linke und Friedensbewegungen immer betont haben, daß die Ursachen des Wettrüstens nicht in Bedrohung aus dem Osten, sondern in märchenhaften Rüstungsgewinnen und anachronistischen Sicherheitskonzepten zu suchen sind. Trotz offensichtlicher Legitimationskrise hält die NATO an der bedrohlichen Doktrin nuklearer Abschreckung, der Strategie des Kernwaffeneinsatzes, wenn auch nunmehr »als letztem Mittel«, sowie Konzepten moderner Offensivfähigkeit (FOFA, offensive counter air defence etc.) fest. Waffenprogramme wie SDI, die Modernisierung luftgestützter Kernwaffen in Europa oder der unsägliche Jäger 90 werden unabhängig vom politischen Umfeld weiterverfolgt.

Der Rüstungswettlauf hat sich verselbständigt. Die neuen, krampfhaft nachgereichten Feindbilder offenbaren nur den ganzen Irrwitz militaristischer Argumentation: potentielle Bedrohungen aus Libyen, dem Irak oder Iran; Konfliktgefahren, die aus einer möglichen »Balkanisierung« ganz Osteuropas und der Sowjetunion erwachsen; die Übernahme der bisherigen sowjetischen Rolle durch China. Ich glaube tatsächlich, daß man auf derartige Vorstellungen nur mit der Ironie Gregor Gysis antworten kann, der meinte: Wenn die libyschen Panzer erst am Rhein stehen, werden uns auch die vereinten Bundeswehr und NVA nicht mehr helfen können.

Aber es ist bestürzend, daß in einer Welt, die auf ihren ökologischen und sozialen Abgrund zugeht, nicht alle Möglichkeiten der Entmilitarisierung und der Freisetzung menschlicher, finanzieller und wissenschaftlicher Potenzen sofort genutzt werden. Die schrittweise Beseitigung der Kernwaffen in Europa und auf dem ganzen Erdball ist mehr als eine schöne Vision oder die geschickte Propaganda des Michail Gorbatschow. Sie ist eine aktuelle Überlebensfrage für die Menschheit, die in einer Zeit knapper Ressourcen dringend auf jene Mittel angewiesen ist, die gegenwärtig im unvorstellbaren Ausmaß von nahezu einer Billion Dollar verschwendet werden.

Noch stärker ins Gewicht der Gefahren fällt die Tatsache, daß gegenseitige Abschreckung und Rüstung die notwendige umfassende Kooperation zwischen den Staaten und Gesellschaften blockiert. Sie wäre der eigentliche Kern moderner Sicherheit und ist zugleich die wohl größte ungenutzte Ressource der Gegenwart. Es kann daher nicht hingenommen werden, daß es den Rüstungskonzernen und ihren politischen Apologeten gelungen ist, die Forderungen nach radikaler nuklearer und konventioneller Abrüstung aus dem öffentlichen Bewußtsein zu verbannen und im Schatten eines historischen Wandels in Osteuropa ihre alte Politik mit ihren wachsenden Gefahren fortzusetzen.

Die Entmilitarisierung Europas in einem Prozeß der Abrüstung, der Entfeindung sowie der Politisierung von Sicherheit scheint angesichts dieser Praxis unverändert utopisch, aber sie ist der einzige Weg, der Katastrophe zu entkommen. Wer glaubt, Sicherheit nicht ohne atomare Waffen und große Armeen aufrechterhalten zu können, müßte konsequenterweise zugeben, daß damit die Weiterverbreitung von Kernwaffen und anderem hochentwickeltem Kriegsgerät unvermeidbar wird. Damit entstünde gleichermaßen eine Situation, in der globale Sicherheit nicht mehr gewährleistet werden könnte. Ohnehin wird die Sicherheit der europäischen Völker und der gesamten Menschheit heute in immer stärkerem Maße von nichtmilitärischen Gefahren bedroht – der Umweltzerstörung, der Ausbeutung der Entwicklungsländer, den Risiken von Wissenschaft und Technik oder den sozialen, ethnischen und religiösen Konfliktpotentialen in Osteuropa, in Asien, Afrika und Lateinamerika. Sie sind, wenn überhaupt, nicht mit Streitkräften, sondern nur durch ökonomischen und sozialen Fortschritt sowie intensivste gesamteuropäische und internationale Zusammenarbeit regulier- und lösbar.

Eine paneuropäische Konföderation und schließlich die vereinigten Staaten von Europa stehen auf der Tagesordnung einer an Überleben orientierten Politik. Jedes bescheidenere Ziel wird sich als abenteuerlich erweisen. Auf diesem wie auf vielen anderen Gebieten wird die Menschheit realistische Lösungen nur dort finden, wo Kleingläubigkeit, Ignoranz und kurzfristige Interessen bisher die menschlichen Utopien ansiedeln.

6

Konkrete Antworten auf diese Fragen sind noch nicht möglich. Sie sind jahrzehntelang – und nicht nur von den Marxisten – ignoriert worden. Nach wie vor ist die Kluft zwischen dem wissenschaftlich-technischen Erkenntnisstand der Menschheit und ihrem politischen Denken sowie ihrer politischen Moral epochal. Die Komplexität globaler und innergesellschaftlicher Umbrüche, ihr qualitatives Ausmaß sowie der extreme Zeitdruck verlangen radikale Veränderungen nicht nur der Gesellschaften selbst, was utopisch genug scheint, sondern auch der menschlichen Wertorientierung und Bedürfnisse, von denen wir wissen, daß ihre gezielte Veränderung unerhört schwierig ist. (Immerhin gibt es ein ausgesprochen negatives Beispiel dafür, daß Gesellschaften unter Nutzung der Marktmechanismen und durch gezielte Einflußnahme auf gesellschaftliche Wertorientierungen dazu fähig sind: den Rüstungswettlauf, in dem es möglich war, irrationalsten und destruktivsten Waren einen gesellschaftlichen Gebrauchswert zu verschaffen.)

Die Aufgabe ist eindeutig und klar, ihre Lösung aber bisher nicht absehbar. Skepsis und selbst Pessimismus sind daher angebracht. Wenn die Menschheit nicht fähig wird, ihre gemeinsamen und langfristigen Interessen nicht nur zu begreifen, sondern als die bestimmenden Bedingungen ihrer Lebens zu erfahren, wird Überleben nicht möglich sein. Ich bin mir bewußt, in welch fragwürdiger Weise ich hier den Begriff der Interessen verwende. Interessen sind bereits die subjektive Widerspiegelung objektiver Erfordernisse. Sie sind konkreter, direkter und kurzfristiger Natur, so wie beispielsweise der Selbsterhaltungstrieb des Menschen nur wirkt, wenn die Selbsterhaltung konkret gefordert ist. Der Raucher, der den Lungenkrebstod riskiert, weiß um die Gefahr, aber er entwickelt ebenso keinen Selbsterhaltungstrieb wie die Mutter, die zwar ihr Kind vor einem heranrasenden Auto hüten würde, nicht aber vor der Umweltkatastrophe des nächsten Jahrhunderts.

Linkes Denken und linke Politik müssen globales Denken und globale Politik werden. Sie müssen zu gesellschaftlichen Bedingungen beitragen, in denen die ungelöste Vermittlung zwischen den kurzfristigen Interessen des einzelnen und den langfristigen Interessen der Menschheit gelingt. Ein solches Herangehen wird die Austragung spezifischer sozialer Interessen nicht aus-, sondern einschließen müssen. Ihre Richtung, und das vor allem für Sozialisten, muß jedoch auf die Lösung der Menschheitsfragen zielen.

Die Entmilitarisierung der Erde, die Beendigung der existenzbedrohenden und amoralischen Ausbeutung der Völker Asiens, Afrikas und Lateinamerikas, die Überwindung der ökologischen Krise, die reale Gleichstellung von Frau und Mann und die soziale und technische Beherrschung der modernen Wissenschaften und Technologien werden die entscheidenden Ziele sozialistischer Politik in den nächsten zwei Jahrzehnten und zugleich der wesentliche Inhalt der Entwicklung von Kulturgesellschaften sein. Sozialistische Programmatik und Politik dürfen weniger denn je auf die bloße Reformierung der kapitalistischen Gesellschaft oder reine Pragmatik gerichtet sein.

Es geht um nicht mehr und nicht weniger, als die bisherige

Fortschrittslogik der Menschheit zu verändern. Konkreteste, realistische, auch Teilschritte und Reformen einschließende Konzepte und Politik sind dafür allerdings ebenfalls wichtiger denn je. Sie und vor allem ihre Diskussion in den Gesellschaften stehen aus.

Rainer Börner

Parlament und Runder Tisch – Zum Verhältnis von parlamentarischen und außerparlamentarischen Zielen der PDS

Wenn man das Thema so stellt, wird die Anerkennung des Parlamentarismus bereits vorausgesetzt. Also Bestätigung der Thesen: Demokratie gleich Parlamentarismus und außerparlamentarisches Wirken ist lediglich eine Ergänzung der Parlamente?

Für viele interessierte BeobachterInnen aus der BRD scheinen selbst die BürgerInnenbewegungen, zumindest das Bündnis 90, die Grüne Partei und auch die PDS, spätestens nach dem 18. März diesen Weg zu gehen, scheinen sie Parlamentarismus als Allheilmittel zur Überwindung des deformierten Macht-und Meinungsmonopols des Staatssozialismus anzuhimmeln. Die Konzentration der Medien auf die Volkskammer, das Fehlen wirkungsvoller außerparlamentarischer Aktionen (mit kleinen Ausnahmen), die Hilflosigkeit bzw. Nichtexistenz der Gewerkschaften, der »lautlose Tod« der berühmten »Runden Tische« sind offensichtliche Symptome für eine solche Tendenz.

Die Ursachen

1. In der DDR und den anderen »sozialistischen« Ländern wurden demokratische Institutionen, Traditionen und Verhaltensweisen zusehends zerstört, mit der Zeit bis zur Unkenntlichkeit deformiert bzw. zur inhaltslosen Hülle degradiert (z. B. Laienparlament, gesellschaftliche Beiräte u. a.).

»Volksvertretungen« aller Ebenen mit Abgeordneten, die zwar nicht frei gewählt waren, aber mehrheitlich ernsthafte

Interessenvertreter sein wollten, waren wesentlich aus Entscheidungsprozessen ausgeschaltet. Selbst die Regierung war de facto nur ein Ausführungsorgan des SED-Politbüros, ohne Selbständigkeit und ohne Verantwortung vor der Volkskammer. Die SED beherrschte die Exekutive und degradierte Mitglieder der Legislative zu »Hand-HeberInnen«.

Mitbestimmungsorgane der Gewerkschaften, juristisch immerhin mit weitgehenden Rechten ausgestattet, wurden mehrheitlich auf allen Ebenen zu Handlangern staatlicher Leiter und Parteisekretäre. Bürgerinitiativen und -bewegungen wurden mit dem Vorwurf der staatsfeindlichen Tätigkeit kriminalisiert, weil sie aus kontrollierten Strukturen ausbrachen. Gleiches geschah mehr oder weniger KritikerInnen innerhalb der Parteien, der Gewerkschaften und der gesellschaftlichen Organisationen.

Es waren die fehlende Demokratie, die Ohnmacht der WissenschaftlerInnen, kritischen PraktikerInnen sowie aller sich engagierenden Menschen, tatsächlich »mitplanen, mitregieren und mitarbeiten« zu können, die die Forderung nach freien Wahlen zu den Volksvertretungen, zu den Leitungsgremien der Parteien und Organisationen bis hin zu den wissenschaftlichen Gremien zur Hauptforderung demokratischer Kräfte werden ließen. Die wenigsten forderten im Kontext damit jedoch die Negation einer sozialistischen Gesellschaft (siehe selbst Gründungsprogramm des Demokratischen Aufbruchs bzw. Aussagen Lothar de Maizières noch im November 1989).

2. Die Deformationen in der Vergangenheit wirken in den Denk- und Verhaltensweisen vieler Menschen nach. Das weit verbreitete »Obrigkeitsdenken«, der Wunsch nach einem neuen Leitbild, einem Führer in eine beglückende Zukunft stehen einer notwendigen und tatsächlich tiefgreifenden Demokratisierung entgegen. Die Forderung nach freien demokratischen Wahlen erschöpfte sich eben bei vielen DDR-Bürgern in dem Wunsch nach der Wahl einer neuen Führung, viele wollen sich nach wie vor leiten lassen und scheuen die bewußte und aktive politische Auseinandersetzung in der Gesellschaft.

3. Das Bestreben vieler BürgerInnen, die Interessendelegierung als Grundprinzip des politischen Systems durch die Eigenvertretung der Interessen, d. h. durch tatsächliche *direkte* Mitgestaltung und Mitentscheidung des/der Betroffenen zu ersetzen, ist zwar eine gesellschaftlich relevante Größe in der DDR geworden, die sich in BürgerInnenbewegung aber auch z. B. im Strukturwandel der PDS ausdrücken, aber keinesfalls beherrschendes Element einer Mehrheit der Bevölkerung. Von den anderen politischen Parteien, weder von der SPD (siehe Enthaltsamkeit in der Verfassungsfrage) geschweige denn von CDU, DA oder gar DSU wird diese Emanzipationsbestrebung aktiv betrieben oder nur unterstützt, im Gegenteil.

4. Die emanzipatorischen Kräfte des politischen Parteien- und Bewegungsspektrums der DDR bedurften ihrer eigenen Erfahrungen im Umgang mit einem bürgerlichen Parlament, um dessen Vorzüge und Beschränktheit (die in dieser Volkskammer brutal und schnell verdeutlicht wurde) zu erkennen, um im Prozeß des Suchens und praktischen Gestaltens demokratischer Strukturen eine reale Einschätzung und Einordnung des Parlaments vornehmen zu können. Sich den Wahlen vom 18. März zu stellen, um eine Vertretung in der Volkskammer zu kämpfen, war m. E. für alle Bewegungen und linken Parteien notwendig. Das führte jedoch zu einer, zumindest zeitweiligen, Vernachlässigung der Basisarbeit und des außerparlamentarischen Wirkens insgesamt. Unverzeihlich bleibt dabei jedoch die allzu schnelle relativ kampflose Preisgabe des »Runden Tisches« und seiner Erfahrungen zur Erweiterung parlamentarischer Demokratie.

Erfahrungen des »Runden Tisches«

1. Parlamentarische Demokratie in einer pluralistischen Gesellschaft ist eine notwendige, aber nicht hinreichende Bedingung für soziale Gerechtigkeit und freie Entfaltung des Individuums. Abgeordnete westlicher Parlamente mißbrauchen sie ebenso wie stalinistische »Führer« zur Herrschaft von

Parteifunktionären, zur Entmündigung von BürgerInnen. Ein Blick in »unsere« Volkskammer genügt.

2. Bedingung und Voraussetzung für Demokratie ist die tatsächliche Freiheit der Information und der Medien. Nur sachlich und objektiv (was ist objektiv?) informierte und kritisch-analytisch denkende Bürger sind ist wirklich demokratiefähig. So einfach und doch so schwer zu erreichen! Die Wahlen zur Volkskammer und die scheinheilige Ausnutzung ihrer Ergebnisse zur Begründung des Anschluß-Eilverfahrens (zumindest SPD-Wähler haben nicht ausdrücklich Artikel 23 gewählt) verdeutlichen schmerzhaft, daß noch so perfekte Demokratiemodelle (was die DDR-Ableger des bürgerlichen Parlamentarismus nun erst recht nicht sind) schnell zur Tarnung demagogischer Meinungsmanipulation degradiert werden können.

3. Demokratie bedarf der *gleichrangigen*, verfassungsrechtlich auf *allen* Ebenen fixierten Erweiterung der Parlamente durch außerparlamentarische, problem- und strukturorientierte Formen demokratischer Selbst- und Mitbestimmungsformen. Diese sind keine »Ergänzungen«, sondern *Bedingung* für tatsächliche Demokratie.

Solche Formen können sein, ohne Patentrezepte anzubieten:

– Ein »Runder Tisch« neben dem Parlament als eine Art zweiter Kammer aller Bürgerbewegungen, Parteien, Organisationen und Verbände mit Sitz und Stimme, unabhängig von ihrem »Wahlerfolg«, legitimiert durch basisdemokratisch gewachsene Interessenartikulation vor allem auch der gesellschaftlichen Minderheiten; eine Art Räteparlament aktiver BürgerInnen;

– »Sachparlamente« zu bestimmten Problemkreisen in Analogie zum Beispiel des »Grünen Tisches« der DDR (Kultur, Ökologie, Verkehrswesen, Bauwesen, usw.) mit festen, nicht personengebundenen Sitzen in den entsprechenden Ausschüssen der Parlamente, ausgestattet mit Rede-, Antrags- und Vetorecht;

– juristische Ausgestaltung der Rechte von Bürgerkomitees und Bürgerinitiativen;

– Aufnahme weiterer Formen direkter Demokratie, u. a. Volksbefragung und Volksentscheidung in das Verfassungsrecht;

– verfassungsrechtliche Festschreibung der BürgerInnenbewegungen als Rechtsinstitut und damit juristische Aufhebung des Parteienmonopols.

4. Die Entwicklung der Wirtschaftsdemokratie ist von grundsätzlicher Bedeutung, ist letztendlich Bedingung für gesellschaftliche Entscheidungen zur Lösung sozialer, ökologischer und damit globaler Konflikte.

Soziale Gerechtigkeit als unbedingte Voraussetzung demokratischer Verhältnisse ist nicht durch eine imaginäre »Sozialpflichtigkeit des Eigentums« a priori gegeben. Etliche neue alte Apologeten des Kapitals in der Volkskammer scheinen das zu glauben und weissagen zu wollen. Sie schaffen es, leider mit tatkräftiger Unterstützung von SPD-Abgeordneten, selbst unzureichende BRD-Mitbestimmungsrechte noch weiter auszuhöhlen (siehe Betriebsverfassungsgesetz, Treuhandgesetz u. a.). Diese Strategie der Rechten, in der die DDR-CDU usw. aber willfähriges, zeitweiliges Instrument sind, hat nicht nur Auswirkungen auf die DDR, sie ist eine ernsthafte Gefahr für ein zukünftiges Deutschland und das zukünftige Europa, indem bisherige bundesdeutsche Mitbestimmungspraxis nicht radikal erweitert, sondern radikal abgebaut wird.

Die Diskussion und das aktive Wirken für eine neue deutsche Verfassung darf kein Thema für Verfassungsrechtler bleiben, muß Hauptinhalt der parlamentarischen und außerparlamentarischen Tätigkeit, u. a. auch des Wahlkampfes, aller demokratischen Parteien, BürgerInnenbewegungen, sozialen Verbände und vor allem der Gewerkschaften werden. Es geht um

– das Recht auf Arbeit als soziales Grundrecht mit Verfassungsrang;

– die verfassungsrechtliche Garantie der Autonomie der Gewerkschaften;

– die Gewährleistung des Streikrechts und das Verbot der Aussperrung;

– den Umweltschutz als zwingenden Verfassungsauftrag;

– die Gleichstellung von Frauen und Männern als gesellschaftliche Aufgabe im Verfassungsrang;

– die Mitbestimmung der ArbeitnehmerInnen und um Vermögensbeteiligung (tatsächliche Mitbestimmung, d. h. Mitentscheidung am Arbeitsplatz, auf betrieblicher Ebene, Unternehmensebene und gesamtvolkswirtschaftlicher Ebene; Verbesserung der Interessenvertretung der ArbeitnehmerInnen auf der Grundlage eines modernen Betriebsverfassungsrechts). Dazu gehören Formen der direkten Demokratie (Urabstimmungen) und der Interessenvertretung zu allen entscheidenden Fragen, einschließlich Struktur-, Investitions- und Vermögensentscheidungen.

Letztendlich bedeutet Demokratisierung der Gesellschaft Demokratisierung des Eigentums als gesellschaftliches Verhältnis.

Die Frage, inwieweit dies unter kapitalistischen Verhältnissen möglich ist, muß ohne Illusion beantwortet werden.

Das Wirken demokratischer Kräfte in Gewerkschaften, sozialen Verbänden, BürgerInnenbewegungen und Parteien *gegen* einen Abbau von Demokratie und Rechtsstaatlichkeit, wie er mit den Erfahrungen der letzten Monate der DDR für ein Gesamtdeutschland zu erwarten ist, und *für* einen Ausbau der Demokratie, wie es sich im Kampf um eine neue Verfassung (in Anlehnung an den Entwurf des »Runden Tisches«) ausdrücken muß, würde aber zur Sinnlosigkeit verdammt, wenn man die, wenn auch begrenzte, Demokratiefähigkeit der kapitalistischen Gesellschaft a priori *total* verneint. Neue gesellschaftliche Strukturen können und müssen sich in der bisherigen Gesellschaft entwickeln.

Die PDS will, kann und muß als Partei mit antikapitalistischem Ziel und Programm einen Beitrag leisten zur theoretischen Diskussion alternativer Gesellschaftskonzepte, zur Schaffung der verfassungsrechtlichen Rahmenbedingungen für den Schutz und die Erweiterung der Selbständigkeit, der Verantwortlichkeit und des autonomen Entscheidungs- und

Handlungsspielraums der gesellschaftlichen Subjekte, zur Erweiterung der Information, der kritisch-analytischen Bildung und der Motivation der BürgerInnen.

Eine Partei oder Bewegung, die glaubhaft für Demokratie, für emanzipatorische gesellschaftliche Veränderungen, für das Prinzip der Basisdemokratie eintreten will, und das will die PDS, muß natürlich durch das Selbstverständnis ihrer Mitglieder, durch ihre innere Struktur und Demokratie und durch ihr Zusammenwirken mit anderen Bewegungen und sozialen Verbänden emanzipatorische Prinzipien *selbst leben.*

Das bedeutet, als Partei nicht Interessenvertreter *für* jemanden (im Sinne von »Hab Vertrauen, wir machen das schon für Dich«) zu sein, sondern die juristischen, organisatorischen und solidarischen Bedingungen zu schaffen, daß der/die einzelne bzw. Interessenverbände ihre Interessen artikulieren und durchsetzen *können.* Das gilt natürlich auch innerhalb der Partei. Interessen der weiblichen, jugendlichen oder christlichen Mitglieder, der Arbeiter, der Künstler, der Bauern usw. sind so stark in der PDS artikuliert, wie sie durch die entsprechenden Mitglieder und ihre Bewegung der Partei selbständig eingebracht und nicht von anderen (Leitungen) vorgedacht werden.

Dafür gibt es in der PDS erste Ansätze, wie die Entwicklung der Interessenselbstvertretung mittels Arbeits- und Interessengemeinschaften, Plattformen usw.; wie erste Veränderungen des Statuts und erste Ansätze der Entwicklung der Politik von »unten«, von der Basis. Diese Ansätze reichen bei weitem noch nicht aus, werden aber bewußt und forciert von der Basis vorangetrieben. Die PDS ist auf dem Wege.

Jochen Willerding

Die PDS und die europäische Linke

Wer ist eigentlich die *Linke*, was versteht man unter links? Ist es heute überhaupt noch opportun, diesen Begriff bewußt ins politische Vokabular einzubringen? Einen Begriff, der sich historisch aus einer eindeutigen sozialen Determinierung der Parteien in der bürgerlichen Demokratie und ihrer Sitzaufteilung im Parlament ergeben hat... Parlamentarismus hat Tradition. Und als solche lebt auch die Raumaufteilung in den Häusern der Vertretungen des Volkes weiter und die Einordnung politischer Kräfte.

Ist dies aber nun wirklich ausreichend zum Selbstverständnis? Hat nicht eine »linke« Sozialdemokratie 1914 den Kriegskrediten bis auf die Ausnahme des »Linken« Karl Liebknecht – zugestimmt? Und die PDS sitzt heute »rechts« von der Sozialdemokratie – als eine Partei, die ihren Platz »links« von der SPD sieht...! Raum-fragen also bringen uns dem Problem nicht näher. Der Begriff der Linken bleibt theoretisch unexakt, nicht selten diffus, nebulös und emotional sehr belastet.

Heute also, da sich in Zentral- und Osteuropa, auf deutschem Boden in rasender Geschwindigkeit der abrupte Systemwandel von der zentralistischen Kommandowirtschaft des »realen Sozialismus« zu ansatzweise sozial regulierten kapitalistischen Produktionsverhältnissen vollzieht und weltweit der Niedergang des »realen Sozialismus« in Polen, der CSFR, Bulgarien, Ungarn und Rumänien, verbunden mit dem Krisenzustand in der Sowjetunion als »Beweis« für das Scheitern der marxistischen Gesellschaftstheorie erklärt wird, stehen wir als sozialistische Partei – wie viele andere demokratischen Kräfte – vor der Frage und Problemstellung: Was sind die Herausforderungen der vor uns liegenden gesellschaftlichen Entwicklungsetappe, welche Grundpositionen bezieht unsere Partei, beziehen andere Organisationen und Bewegungen im vereinigten kapitalistischen Deutschland bzw. Europa? Welche Verantwortung haben wir vor der Geschichte und für die aktuellen Interessen der werktätigen Menschen in unserem Land, auf unserem Kontinent und in der Welt.

Untersuchen wir also Hintergründe, Ursachen für gesellschaftliche Veränderungen und analysieren wir objektive Bedingungen für das Wirken politischer Kräfte, um das Selbstverständnis und das Handeln der Linken zu bestimmen.

Die mit der Perestroika eingeleiteten Prozesse der Demokratisierung des gesellschaftlichen Lebens in den osteuropäischen Ländern des »realen Sozialismus« waren der Versuch der Schaffung neuer sozialistischer Existenzbedingungen für die Überwindung der gesellschaftlichen Stagnation. Angesichts der ökonomischen und demokratischen Schwächung dieser Länder und der Unfähigkeit, auf die rasanten Entwicklungen der Produktivkräfte adäquat zu antworten, kam dieser Versuch zu spät. Um so mehr, da er mit einer Konzentration des Kapitals und sich verschärfendem Konkurrenzverhalten der führenden kapitalistischen Wirtschaftszentren untereinander einherging. Das europäische Kapital griff vielmehr die neuen Entfaltungsmöglichkeiten dankbar auf; geht es doch mit der Errichtung eines »gesamteuropäischen Hauses« gleichzeitig um die Schaffung des Europäischen Binnenmarktes und einer neuen weltwirtschaftlichen Supermacht; also letztlich die Neuaufteilung der kapitalistischen Welt. Die Vorstellung des Kapitals in einem staatsmonopolistisch geprägten Europa, gekennzeichnet durch ein Gefälle zwischen hochentwickelten und weniger entwickelten Ländern, scheint sehr deutlich ausgeprägt: günstigste Kapitalverwertungsbedingungen, Erschließung neuer Märkte, Senkung der Produktionskosten. Dabei zeichnet sich zugleich ab, daß die kapitalistische Marktwirtschaft durch ihre Spontaneität, ihren Egoismus, ihre Profitorientierung als übergreifendes Kriterium die globalen Probleme der Menschen nicht lösen kann. Offen bleibt die Frage der stabilen Sicherung des Weltfriedens, die Frage des vernünftigen Umgangs mit der

Umwelt, die Nord-Süd-Kluft in der Wirtschaft, in Bildung und Medizin, in der demokratischen Gleichberechtigung bei der Entscheidung über die existentiellen Fragen der Menschheit.

In meinem Verständnis bleibt folglich die – oberflächlich besehen unscharfe – Einteilung in »Links, Mitte, Rechts« sozial determiniert. Linkssein heißt für mich zu erkennen, daß die kapitalistischen Gesellschaftsstrukturen weder die sozialen, noch die globalen Probleme der Menschheit zu lösen in der Lage sind. Der Niedergang des »realsozialistischen« Versuchs ihrer Überwindung kann diese Erkenntnis nicht außer Kraft setzen. Er zeigt jedoch an, daß er von unreifen objektiven und subjektiven Tatbeständen ausging, »links« muß also die Fundamentalopposition gegenüber den kapitalistischen Produktionsverhältnissen zum Inhalt haben.

Ungelöst scheint die Frage, *wie* das gehen kann. Die Erfahrungen der jüngeren Geschichte lehren uns, es geht nicht ohne umfassende, ja sogar über den bürgerlichen Parlamentarismus hinausgehende Demokratie. Die Freiheit *des* Einzelnen ist die Voraussetzung für die Freiheit aller – die lange vergessene Marxsche These gehört zum ABC linken Denkens. Aufgabe und Ziel der Linken muß dementsprechend die Ausarbeitung gesellschaftlicher Alternativen sein, von Strategien und Konzeptionen einer Gesellschaft, die sich auf objektive Gesetzmäßigkeiten gründet, in der Vernunft über den Egoismus regiert.

Das Selbstverständnis und Handeln linker Kräfte erwächst aus ihrem Streben nach gesellschaftlichen Veränderungen. Die Diskussion, der Meinungsstreit und die Verständigung über fortschrittliche gesellschaftspolitische Alternativen zwischen den linken Kräften sind notwendig und unverzichtbar. Verabschieden müssen wir uns von alten Vorstellungen, daß eine europäische Linke mehr oder weniger einheitliche, homogene Auffassungen über Inhalte und Wege des sozialen Fortschritts, des Sozialismus etc. zur Voraussetzung haben kann und muß. Es war immer und ist noch eine wesentliche Ursache für die Schwäche der Linken, daß linke Kräfte zu einer von den realen Prozessen losgelösten Ideologisierung und Schematisierung der gesellschaftlichen Bewegung neigen, die Realität nach ihren Idealen zu »formen« suchen. Das führt dazu, daß ideologische Monopol- und Ausschließlichkeitsansprüche geltend gemacht und gesellschaftspolitische Divergenzen in den Vordergrund gestellt werden. So wird solidarisches Handeln für gemeinsame Interessen erschwert bzw. unmöglich gemacht. Letzteres ist aber gerade heute, in einer Periode umfassender Internationalisierung des Kapitals und der Krise der linken Kräfte, unverzichtbar.

Die Erfahrungen, Traditionen, konkreten Wirkungsbedingungen und Auffassungen der einzelnen Parteien und Bewegungen waren und bleiben sehr unterschiedlich. Sie arbeiten ihre Programmatik und Politik eigenständig aus und müssen bei ihrer Durchsetzung die konkreten spezifischen Bedingungen ihrer Länder bzw. Regionen berücksichtigen. Die Parteien handeln unabhängig. Kontroversen zwischen ihnen gehören zur Normalität. Sie müssen demokratisch ausgetragen werden. Entsprechende Formen dafür fehlen gegenwärtig durchweg.

Die unter kapitalistischen Vorzeichen in Angriff genommene Neuordnung Europas, die uns zur Diskussion und zu verantwortungsbewußtem Handeln zwingt, vollzieht sich vor dem Hintergrund einer weiteren historischen Niederlage der Linken und der damit auch für das Kapital gegebenen und realisierbaren Möglichkeit der Beendigung des Kalten Krieges:

1. Die der ungehemmten Expansion des Kapitals Einhalt gebietende wichtigste Kraft, der »reale Sozialismus«, ist ausgefallen. Aufgrund der tiefen gesellschaftlichen Krise, des Scheiterns des autoritär-bürokratischen Systems sehen sich die KPdSU u. a. regierende Parteien osteuropäischer Staaten zunehmenden Schwierigkeiten gegenüber. Die meisten ehemals regierenden kommunistischen Parteien wurden mehr oder weniger an den Rand der Entwicklung gedrängt.

2. Linke in diesen Ländern, die – wenn auch sehr differenziert und unterschiedlich – politisch jedoch einen wichtigen Faktor linken Denkens im internationalen Maßstab darstellten, sehen sich theoretisch und praktisch Anforderungen

gegenüber, auf die sie nicht vorbereitet sind. Es fehlen klare sozialökonomische Konzepte, Politikvorstellungen und konkrete gesellschaftliche Alternativangebote. In weiten Teilen fehlt eine gründliche Aufarbeitung der Geschichte, der Ursachen des Scheiterns des »realen Sozialismus«. Dies scheint mir jedoch eine wichtige Voraussetzung zu sein, um tragfähige Politik zu betreiben.

3. Die Linke in den kapitalistischen Ländern befindet sich nicht weniger in einem krisenhaften Zustand. Ein Teil der kommunistischen Parteien kapitalistischer Länder verfolgte stalinistische Gesellschaftsvorstellungen und identifizierte sich weitgehend mit den Gesellschaftsmodellen des »realen Sozialismus«. In hohem Maße unglaubwürdig, wurden sie in den Sog der Krise gerissen und sind in ihrer Existenz bedroht. Aber auch die Parteien, die sich seit längerem von stalinistischen Positionen und Praktiken freizumachen und zu erneuern suchten, sind in der Regel mit inneren Auseinandersetzungen über Charakter, Programmatik und den weiter einzuschlagenden Weg belastet, so daß ihre Ausstrahlungskraft und Handlungsfähigkeit national wie international beeinträchtigt ist.

4. Die Sozialdemokratie – am deutlichsten gegenwärtig nachvollziehbar am Beispiel der Haltung der SPD zum deutsch-deutschen Vereinigungsprozeß – hat der Offensive des Kapitals keine ernsthafte linke Alternative entgegenzusetzen, sondern setzt nur des politischen Überlebens willen ihre Fahrt im Fahrwasser des Kapitals fort. Sie sowie die Gewerkschaftsbewegung sind verstärktem Druck des konservativen Lagers ausgesetzt. Die Erwartung, daß sich der »reale Sozialismus« als reform- und erneuerungsfähig im Sinne sozialdemokratischer Vorstellungen erweist, daß auf dieser Grundlage eine stabile Partnerschaft und Zusammenarbeit für Frieden, Sicherheit und die Lösung globaler Probleme entsteht und progressive Reformen gegen die konservativen Kräfte durchgesetzt werden können, ist nicht aufgegangen. Die tonangebenden Kräfte der Sozialdemokratie, besonders in der SPD als einflußreichste Partei der SI, denken jetzt in Sieg- und Nieder-

lage-Kategorien angesichts des Scheiterns des stalinistischen Modells und des realen Aufschwungs der Sozialdemokratie (Stockholmer SI-Kongreß 1989). Sie versuchen, auf sozialdemokratische Kräfte in der DDR und Osteuropa zu setzen und sich von den Nachfolgeparteien der ehemals regierenden Parteien abzugrenzen. Andere sozialdemokratische und sozialistische Parteien sind, von einzelnen Ausnahmen abgesehen, verunsichert und warten ab.

Es ist auffallend, daß es mit der »Wende« in den osteuropäischen Staaten zu keinem qualitativen Aufschwung der Sozialdemokratie gekommen ist. Trotz umfangreicher Anstrengungen schlägt das Pendel zunächst für die Konservativen aus. Offenkundig vor allem deshalb wurde das von den finnischen Linkskräften einschließlich der SPFi für September 1990 geplante »Forum der europäischen Linken« in Tampere auf unbestimmte Zeit verschoben.

Die Linke zahlt heute die Rechnung dafür, daß Denkanstöße und Bestrebungen in Richtung einer Erneuerung, Demokratisierung und Humanisierung des Sozialismus in ehemals regierenden kommunistischen Parteien verworfen wurden (»Eurokommunismus«) und nicht zum Zuge kamen. Auch dafür, daß die in den Ideen von Gorbatschow über das neue politische Denken und das »europäische Haus«, im Dokument der SED und der SPD über den »Streit der Ideologien und die gemeinsame Sicherheit« enthaltenen Ansatzpunkte aufgrund der Abschottungspolitik der Führung der SED nicht konsequent weiterentwickelt und politisch wirksam wurden.

Die linken und demokratischen Kräfte Europas verfügen infolgedessen gegenwärtig über keine greifende Europakonzeption, die Grundlage für einen Konsens zur Durchsetzung gemeinsamer Interessen sein könnte. Sie wurden von der Entwicklung »überrollt«. Die linken Kräfte handeln vielfach allein auf sich gestellt, nicht über den Rahmen einzelner Länder hinaus.

Diese aktuell schwierige Lage darf uns jedoch nicht den Blick für die Möglichkeiten einer linken und demokratischen Alternative in Europa verstellen.

In Europa existiert das weitaus bedeutendste linke Potential: In den Traditionen der Arbeiterbewegung verwurzelte Kräfte mit sozialistischen Wertvorstellungen in kommunistischen, sozialistischen und sozialdemokratischen sowie anderen linken Parteien; traditionelle und vor allem neue soziale und demokratische Parteien und Bewegungen radikal-demokratischen bzw. reformerischen Typs mit alternativen pazifistischen, ökologischen, feministischen u. a. Wertvorstellungen und Forderungen.

Die tiefgreifenden Veränderungen in Europa, insbesondere die Überwindung der Blockkonfrontation, der Spaltung Deutschlands und Europas eröffnen den linken Kräften neue Möglichkeiten. Es besteht erstmals die reale Chance, daß sich alle linken und demokratischen Kräfte über Initiativen und Aktionen zu folgenden Themen verständigen:

– für militärische, ökonomische und ökologische Sicherheit der europäischen Völker durch Abrüstung, Vertrauensbildung, Zusammenarbeit, kooperative Sicherheitsstrukturen. Die Linkskräfte einschließlich der Sozialdemokratie würden einen Rückschlag ihrer Bestrebungen für lange Zeit erleiden, wenn die USA ihre Vorstellungen verwirklichen, die in der Substanz unveränderte NATO politisch und militärisch zunächst bis an die Oder vorzuschieben, eine Pufferzone (»cordon sanitaire«) bis an den Bug zu schaffen und anstelle einer umfassenden, auf Gleichberechtigung und Interessenausgleich beruhenden europäischen Friedensordnung ein von der NATO beherrschtes Europa zu schaffen.

– für berechenbare deutsche Einheit durch Sicherheitsgarantien und Einbettung in den KSZE-Prozeß, für ein demokratisches, antifaschistisches, entmilitarisiertes Deutschland; gegen deutsches Großmachtstreben und eine Befriedungspolitik des Westens, gegen ein deutsches Europa. Frieden und Sicherheit in Europa können nicht zuverlässig gesichert werden, wenn ein reaktionär-nationalistisches und expansionistisches anstelle eines friedliebenden demokratischen Deutschlands entsteht, das unweigerlich die ökonomische und militärische Hegemonie in Europa erlangt und Weltmachtambitionen verfolgt;

–für ein Zusammenwachsen Europas, das allen Völkern und Staaten Vorteile bringt. Das Finanzkapital ist nicht an einer gleichberechtigten, demokratischen, solidarischen Vereinigung und Integration Europas interessiert. Die mittel- und osteuropäischen Länder sollen zu den profitabelsten Bedingungen rekapitalisiert und an die westeuropäische Gemeinschaft angeschlossen werden. Dabei sollen sie im Status von Billiglohnländern und Absatzmärkten in ständiger Abhängigkeit vom Westen gehalten werden. Das aber würde in Europa neuen sozialen und politischen Zündstoff mit unberechenbaren Folgen anhäufen, der die Sicherheit aller Europäer bedroht;

– für Solidarität mit allen demokratischen und linken Kräften Europas, gegen konservative Reaktion, nationale Diskriminierung, Ausländerfeindlichkeit, Rassismus und Faschismus. Die kommunistischen Parteien und ihre Nachfolgeparteien in Mittel- und Osteuropa sollen als relevante politische Kraft aus dem politischen Leben ausgegrenzt, durch ihre Ausschaltung von den Medien, Enteignung und faktische Berufsverbote mundtot gemacht und »ausgeblutet« werden. Das schwächt alle demokratischen Kräfte in Ost und West. Die konfrontative Haltung, die die Sozialdemokratie gegenwärtig gegenüber diesen Parteien einnimmt, wendet sich gegen ihre ureigensten Interessen. Sie trägt nicht dazu bei, den Einfluß der Sozialdemokratie in der DDR und in Osteuropa zu stärken, sondern im Gegenteil den Einfluß konservativer Kräfte, die von dieser Haltung profitieren; für eine auf die Lösung der globalen Probleme, an den gesamtgesellschaftlichen und demzufolge allgemeinmenschlichen Interessen orientierte, demokratisch kontrollierte Gestaltung der europäischen Integrationsprozesse.

Diese Themen wird die PDS bei allen Gesprächen und Aktivitäten an die erste Stelle rücken. Damit kann sie an reale Besorgnisse und gleichartige Interessen aller linken Kräfte in Ost und West anknüpfen. Hier läßt sich auch am leichtesten eine gemeinsame Sprache, ein neuer Zugang für ein Zusammengehen mit Sozialdemokraten finden. Sie muß dies auch deshalb tun, weil Belange des Friedens, der Sicherheit, Abrüstung und Entwicklung in den nationalen und internationalen Aktivitäten linker Parteien und Bewegungen in Europa einen zu geringen Platz einnehmen. Im Vordergrund stehen gesellschaftspolitische Fragen sowie soziale und politische Fragen im nationalen Rahmen. Das begünstigt die Abkapselung und Abgrenzung zwischen den linken Kräften. Eine handlungsfähige, einflußreiche Linke kann jedoch nur zustande kommen, wenn sie die Fähigkeit entwickelt, sich über unterschiedliche gesellschaftspolitische Vorstellungen und Ländergrenzen hinweg für übergreifende Werte und Forderungen zu engagieren. Linke Strategie und Politik läßt sich letztlich jedoch nur international denken.

Das sind solche für alle linken Kräfte außer Frage stehenden Werte wie Demokratie und Selbstbestimmung, soziale Gerechtigkeit und Solidarität. Das sind Forderungen, von deren Verwirklichung heute das Überleben und die Lösung anderer globaler Probleme der Menschheit, die Überwindung der Krise der Zivilisation abhängt.

Die Linken haben eine historische Niederlage erlitten. Sie stehen zugleich vor einer historischen Chance, der Chance, den arbeitenden Menschen, ja der Menschheit überhaupt eine reale Perspektive zu geben. Es geht um die Perspektive des Überlebens der Menschheit angesichts der sie in ihrer Existenz bedrohenden Gefahren. Die Partei des Demokratischen Sozialismus wird sich grundsätzlich mit den Linken in Europa und aller Welt konsequent für eine solche Perspektive einsetzen.

Alexandra Wagner

Die PDS und die Linke in Deutschland

Die staatliche Einheit Deutschlands und die Restaurierung des Kapitalismus auf dem Territorium der DDR werden in Kürze Tatsachen sein. Die Wirkungsbedingungen und die Aufgaben für die PDS ändern sich dabei in doppelter Hinsicht: Erstens wird die PDS nunmehr eine unter kapitalistischen Bedingungen wirkende, in Opposition zum gesellschaftlichen System stehende Partei sein, worauf sie sich mit der Erarbeitung einer neuen programmatisch-strategischen Orientierung einstellen muß. Zweitens steht die PDS aufgrund ihres fehlenden Pendants in der BRD vor dem Problem, zunächst als regional existierende Partei in Deutschland um politischen Einfluß ringen zu müssen.

Aufgrund dieser Situation ist die PDS objektiv gezwungen, ihr Verhältnis zu den anderen in Deutschland existierenden linken Parteien und Bewegungen auf theoretisch-programmatischem, politischem und organisatorischem Gebiet zu bestimmen. Dabei kann das übergeordnete Ziel nur darin bestehen, in Deutschland eine starke demokratische und sozialistische Bewegung zu entwickeln. Diesem Ziel ist die PDS verpflichtet und wird ihm alle Fragen unterordnen, die mit der zukünftigen Entwicklung der eigenen Partei verbunden sind.

Krise und Chance der Linken

Die gegenwärtige tiefe Krise der Linken im allgemeinen und der sozialistischen Linken im besonderen geht einher mit neuen Herausforderungen und neuen Chancen für die linke Bewegung. Mehr denn je ist heute eine starke Linke notwendig zur Verteidigung sozialer und demokratischer Rechte und für die Perspektive einer friedlichen, solidarischen und ökologisch verantwortlichen Gesellschaft. Viel liegt an den Linken selbst, jetzt aus den Fehlern der Vergangenheit zu lernen. Der Zusammenbruch des »realen Sozialismus« und damit das Fiasko der traditionellen kommunistischen Bewegung treffen zwar die Linke als Ganzes, erleichtern aber auch einen konsequent-kritischen Umgang mit sich selbst, frei von allen taktischen Überlegungen.

Dies ist zweifellos mit einer großen Arbeit verbunden, die noch zu leisten ist: Es geht um die theoretische Aufarbeitung des Scheiterns des »realen Sozialismus«, um die Suche nach alternativen gesellschaftlichen Gestaltungsmöglichkeiten im modernen Kapitalismus, um Lösungswege für die globalen Menschheitsprobleme, um neue basisdemokratische Organisationsformen und -prinzipien in Parteien und Bewegungen, um Toleranz und produktiven Streit.

Die bisherige Geschichte hat gezeigt, daß keine linke Kraft für sich allein in der Lage ist, tragfähige Konzepte zur Gesellschaftsgestaltung zu entwickeln und sie praktisch umzusetzen. Die Stärke der linken Bewegungen kann in Zukunft vor allem aus einem konstruktiven Umgang mit der ihr eigenen Vielfalt erwachsen. Die wichtigste Lehre der Vergangenheit ist: Keine Kraft darf je mehr für sich ein Wahrheitsmonopol oder eine Führungsrolle beanspruchen. Der produktive Streit, das kritische Überprüfen und das stetige Hinterfragen bereits erarbeiteter Positionen können wichtige Triebkräfte für das Erstarken der Linken sein. Deshalb muß jede künstliche Vereinheitlichung und Nivellierung unterschiedlicher Positionen vermieden werden.

Notwendiges gemeinsames Handeln verlangt nicht unbedingt einen Konsens in theoretischen Fragen, wohl aber ein Minimum gegenseitiger Toleranz und die Einsicht in gemeinsame Interessenlagen.

Die PDS hat eingedenk ihrer Geschichte eine besondere Verantwortung in bezug auf eine tolerante Hinnahme der Vielfalt der Linken. Ihre Möglichkeiten, wirksam zu einem solchen Umgang miteinander beizutragen, sind derzeit jedoch objektiv begrenzt. Dies vor allem deshalb, weil der Kampf gegen Ausgrenzungen im linken Lager nunmehr vor allem gegen die Ausgrenzung der PDS selbst geführt werden muß, was durch die PDS allein zu leisten nicht möglich ist. Zu Recht verweisen andere Linke auch auf das noch nicht vergessene SED-Erbe, mit dem die PDS immer noch verbunden wird und zum Teil – was größere Teile der Mitgliedschaft betrifft – immer noch verbunden ist.

Optimistisch stimmen in diesem Zusammenhang Aufrufe von Vertretern linker Parteien und Bewegungen – wie E. Mandel (IV. Internationale), M. Stamm (Grüne Partei), M. Czollek (Die Nelken) und vielen andere – heute Grabenkämpfe nicht zuzulassen und keinerlei Kriminalisierung irgendeiner Strömung in der Arbeiterbewegung, inklusive PDS, zu gestatten.

Es ist die Verpflichtung der PDS, solche Stimmen zu unterstützen, indem sie konsequent den Erneuerungsprozeß in der Partei fortsetzt und sich in die linke und sozialistische Bewegung mit aller Bescheidenheit und als eines ihrer gleichberechtigten Teile einbringt. Dies zumal die gegenwärtige relative Stärke der PDS in der DDR zu einem großen Teil immer noch im Zusammenhang steht mit der früheren Stärke der SED. Als erneuerte Partei unter kapitalistischen Bedingungen muß die PDS Kompetenz, Organisationsstärke und Wählereinfluß erst noch beweisen.

Ein gleichberechtigtes Einbringen in die linke Bewegung setzt voraus, daß in der Partei eine kritische Aufarbeitung der »Bündnispolitik« der SED erfolgt und solche Denk- und Verhaltensweisen bei allen Mitgliedern der Partei überwunden werden, die immer noch von einem – wie auch immer gearteten – Wahrheitsmonopol der PDS ausgehen und Bündnispolitik als eine nur taktische Frage ansehen.

Ihr Verhältnis zu anderen linken Kräften muß die PDS gegenwärtig in zweierlei Hinsicht bestimmen: auf der Ebene der programmatischen und politischen Positionsfindung sowie in der Organisationsfrage.

Die PDS – eine Partei mit linkssozialistischer Programmatik?

Im Zuge der programmatischen Diskussion innerhalb der PDS wäre zunächst die Frage zu beantworten: Besteht die Notwendigkeit, neben den in der BRD und DDR bereits existierenden sozialistischen und sozialdemokratischen Programmen ein spezifisches PDS-Programm zu erarbeiten, oder sollte die PDS ihre Aufgabe eher darin sehen, als ehemalige DDR-Partei vor allem die spezifischen Interessen der DDR-Bürger zu vertreten, und sich programmatisch an bereits Existierendes – etwa die Sozialdemokratie – anlehnen?

Die Diskussion in der PDS selbst wird derzeit genau zu diesen Fragen geführt und kann keineswegs als abgeschlossen gelten. Dabei sind die Auffassungen sehr differenziert. Gegenwärtig bewegt sich das Spektrum der Meinungen in der PDS zwischen folgenden zwei extremen Positionen: Einerseits gibt es eine Tendenz, die Zukunft der PDS mit einer eher sozialdemokratischen Programmatik und mittel- oder langfristig auch organisatorisch mit der SPD zu verbinden – die PDS sozusagen als die konsequente (im Unterschied zur DDR-SPD) sozialdemokratische Partei anzusehen und später eventuell den linken Flügel in der SPD zu stärken. Andererseits gibt es Auffassungen, ähnlich der radikalen Linken, die für eine grundlegende Negation der bestehenden kapitalistischen Ordnung eintreten und das Ziel einer Reformpolitik zur Mitgestaltung der kapitalistischen Verhältnisse mit dem Vorwurf der Sozialdemokratisierung stark kritisieren oder gar ablehnen.

Dieser Widerspruch repräsentiert ein generelles Problem der sozialistischen Linken in der Gegenwart. Nicht umsonst wird derzeit die Frage diskutiert: Zerbricht die sozialistische Linke an der Alternative zwischen radikaler Negation und realpolitischem Reformismus?

In diesem Zusammenhang sollte m. E. folgendes berücksichtigt werden: Sowohl die Forderung nach radikaler Negation als auch die nach Realpolitik unter kapitalistischen Bedingungen haben ihre Berechtigung. Die eine ergibt sich aus der Unfähigkeit kapitalistisch dominierter Gesellschaft, Menschheitsprobleme zu lösen und eine solidarische und sozial gerechte, jedem einzelnen freie Entwicklungschancen bietende Gesellschaft zu entwickeln; die andere aus der Einsicht, daß das kapitalistische System reformfähig ist und über immer noch große Potenzen verfügt, partiell gesellschaftlichen Fortschritt zu realisieren.

Beides charakterisiert die modernen kapitalistischen Gesellschaften, und es ist das theoretische Hauptproblem der Linken, gegenwärtig keine Antwort darauf zu wissen, wie dieser Widerspruch produktiv zu lösen ist. Klar ist jedoch, daß jede nur *eine* Seite kapitalistischer Entwicklung wahrnehmende politische Strategie unzureichend bleibt und letztlich unproduktiv sein wird.

Der Versuch, eine die Potenzen des Kapitalismus nutzende und seine Möglichkeiten ausschöpfende Strategie zu seiner Überwindung zu entwickeln, ihn im wahrsten Sinne des Wortes positiv aufzuheben, sollte Ziel der programmatischen Diskussion in der PDS und der Linken überhaupt sein.

Ein vorläufiges, in vielem unvollständiges und zweifellos stark zu vervollkommnendes Diskussionsangebot besteht in der Anknüpfung an Überlegungen aus der undogmatischen marxistischen Diskussion der 80er Jahre, die eine solche alternative Gestaltung gesellschaftlicher Bedingungen zunächst mittels Reformen auf dem Boden des Kapitalismus anstreben, die ihrerseits den Weg zu einer qualitativen Umgestaltung der Gesellschaft eröffnen.

Insbesondere nach dem Zusammenbruch der staatssozialistischen Lösungsvariante erscheint die qualitative Erweiterung des sozialstaatlichen Regulierungsrahmens als der einzig gangbare Weg. Das Erreichen einer neuen gesellschaftlichen Qualität, die nicht mehr vom privategoistischen Streben nach Profitmaximierung bestimmt ist, sondern nach sozialen, ökologischen, demokratischen Kriterien gestaltet wird, ist nach wie vor das Ziel. Dies ist jedoch offensichtlich nicht durch einen einfachen Bruch mit der kapitalistischen Produktionsweise –

etwa durch juristische Enteignung des Großkapitals – zu erreichen. Offensichtlich muß es um die schrittweise Transformation der Gesellschaft durch Einschränkung der alleinigen Verfügungsgewalt des Kapitals über die Produktionsmittel und den produzierten Mehrwert gehen, um eine Demokratisierung der Verfügungsrechte über das große Eigentum an Produktionsmitteln. Es muß somit um mehr gehen als nur um Reformen im Rahmen und auf der Grundlage des kapitalistischen Systems.

Eine solche Aufgabe einer radikalen Gesellschaftsreform erfordert im Unterschied zum gescheiterten staatssozialistischen Konzept, marktwirtschaftliche Verhältnisse nicht mit Kapitalismus gleichzusetzen, sondern eine nicht vom Großkapital dominierte, sozial, ökologisch und demokratisch gestaltete, nach marktwirtschaftlichen Prinzipien funktionierende Wirtschaft anzustreben.

Klar ist aber auch: Die Durchsetzung demokratischer Reformen, zumal in der Wirtschaft, erfordert eine harte Auseinandersetzung mit der Kapitalseite. Die Ausschöpfung der zweifellos vorhandenen Möglichkeiten zu einer Demokratisierung der kapitalistisch dominierten Wirtschaft ist undenkbar ohne ein entsprechendes politisches Kräfteverhältnis, ohne einen starken Einfluß der demokratischen Kräfte auf den Staat. Gefordert sind deshalb sowohl druckausübende Massenaktionen der Werktätigen als auch die Bereitschaft der kapitalismuskritischen Kräfte, politische Verantwortung auf staatlicher Ebene wahrzunehmen.

Ein solches Gesellschaftskonzept unterscheidet sich sowohl von traditionell sozialdemokratischen als auch von radikalen linken Positionen, vereint jedoch die in beiden enthaltenen rationalen Kerne. Eben darin könnte m. E. das Produktive einer linkssozialistischen Programmatik der PDS bestehen.

Mit einer solchen Programmatik hätte die PDS wahrscheinlich auch eine Daseinsberechtigung als nichtregionale Partei in Deutschland.

Die PDS – künftig eine gesamtdeutsche Partei

Die Notwendigkeit einer linkssozialistischen Partei sowie die Erkenntnis, daß es derzeit in der BRD eine solche Partei (noch) nicht gibt, verlocken geradezu zu der Schlußfolgerung: Mit der Ausweitung der PDS auf das Territorium der BRD kann nun endlich in ganz Deutschland eine links von der SPD stehende Partei geschaffen werden.

Unbeachtet bzw. unterschätzt werden dabei zumindest zwei Dinge:

Erstens ist die Entwicklung der PDS zu einer linkssozialistischen Partei noch längst nicht vollzogen, sondern befindet sich eher in der Anfangsphase, wobei der Ausgang offen ist.

Zweitens – und das hängt mit dem ersten Punkt eng zusammen – würden sich bei einer derzeitigen Ausweitung der PDS in die BRD möglicherweise und wahrscheinlich gerade *nicht* linkssozialistische Kräfte in ihr vereinen und um sie scharen. Es ist vielmehr zu befürchten, daß in einem solchen Falle eher jene Kräfte ihre politische Heimat in der PDS suchen würden, denen der Anschluß an eine erneuerte exkommunistische Partei bequemer ist als die inhaltliche Auseinandersetzung mit der eigenen (kommunistischen) Vergangenheit.

Die Schaffung einer gesamtdeutschen linkssozialistischen Partei ist mit der Ausweitung der PDS in die BRD zum gegenwärtigen Zeitpunkt wohl nicht möglich. Erforderlich erscheint vielmehr eine breite Diskussion unter den Linken über die Ursachen des Scheiterns bisheriger Konzepte und mögliche künftige sozialistische Entwicklungsvarianten. Die Gründung des »Sozialistischen Forums« im April dieses Jahres als loser Diskussionszusammenhang kann sich als sehr nützlich erweisen. Vor allem dann, wenn parallel zur theoretischen Diskussion auch nach Möglichkeiten gemeinsamer Aktion der Linken trotz unterschiedlicher Auffassung gesucht wird, denn eine schnelle Entwicklung der praktischen Handlungsfähigkeit der Linken ist ebenso notwendig, wie eine übereilte Lösung der Organisationsfrage schädlich ist. Die Linke kann sich ihrer historischen Verantwortung nicht entziehen. Sie wird später daran gemessen werden, was sie in dieser Zeit getan hat, um die Rechte der arbeitenden Menschen zu verteidigen.

Es wäre wünschenswert, wenn die jetzt zu führende Diskussion unter den Linken tatsächlich zur Herausbildung von etwas »qualitativ Neuem« (W. Gehrcke) führen würde – zur Herausbildung einer linkssozialistischen Partei in Deutschland, die neben Teilen des PDS auch bisher nicht organisierte Linke oder derzeitige Mitglieder anderer Parteien und Bewegungen – wie der Grünen, der SPD, der DKP, der Demokratischen Sozialisten, der Nelken u. a. – zusammenführt.

Vor einer solchen Entwicklung fürchten sich all jene Kräfte, denen die PDS vor allem Konkurrent ist und die mehr auf Wählerstimmen denn auf politisches Profil oder die Durchsetzung einer bestimmten Art von Gesellschaftsgestaltung aus sind.

Besonders heftig reagiert derzeit die SPD der BRD, was sich sehr deutlich in einem Papier aus dem Erich-Ollenhauer-Haus »Zur Ausdehnung der Tätigkeit der PDS auf die BRD« zeigt.

Darin wird der PDS vorgeworfen, daß sie die Unterschiede zur SPD der BRD »eher verwischt« und den linken Flügel der SPD vereinnahmen wolle. Insbesondere die Jusos werden darin vor naiven Vorstellungen von Bündnispolitik gewarnt.

Die PDS sollte solche Angriffe mit Gelassenheit tragen und ihrerseits nicht den Kampf um Wählerstimmen zum Ausgangspunkt für die Ausrichtung der Politik machen. Die parlamentarische Arbeit ist eine sehr wichtige, aber nicht die einzige Möglichkeit, politikwirksam zu werden.

Mehr noch: Auch wenn maßgebliche Kräfte in der SPD derzeit nicht zu einer Zusammenarbeit bereit sind, bleibt die SPD doch ein unverzichtbarer Partner im Kampf um demokratische und soziale Reformen. Ohne oder gar gegen die SPD wird es nicht gelingen, demokratische und sozialistische Ziele praktisch zu realisieren.

Wichtigste Aufgabe der PDS: konsequente Erneuerung

Der wichtigste Beitrag, den die PDS derzeit zur Stärkung der demokratischen und sozialistischen Bewegung leisten kann, besteht in der konsequenten Fortsetzung des Erneuerungsprozesses in der Partei. Dies vor allem deshalb, weil die Hauptursache der gegenwärtigen Krise der Linken im Zusammenbruch des »realen Sozialismus« und der traditionellen kommunistischen Bewegung besteht und folglich eine Überwindung dieser Krise nur möglich ist durch eine kritisch-konstruktive Auseinandersetzung mit dieser Vergangenheit.

Eine solche Vergangenheitsbewältigung schließt beides ein – die schonungslose Kritik des Bisherigen ebenso wie das Setzen einer positiven Alternative. Resignation infolge schmerzhafter Erkenntnis wäre ebenso schädlich wie eine Auflösung in Wohlgefallen nach formal vollzogener Wende.

Folgende Aufgaben scheinen mir gegenwärtig für die PDS die am dringendsten zu lösenden zu sein:

1. Es geht um die Erlangung von *Sachkompetenz*, um in der politischen Auseinandersetzung bestehen zu können. Es genügt heute nicht, dem Wirken des Kapitals schlechthin Widerstand entgegenzusetzen. Will sich die Linke nicht selbst ins politische Abseits stellen, muß sie in allen Entscheidungsfragen mit konstruktiven, machbaren Alternativen aufwarten. Dies ist allein mit politischer Kompetenz nicht zu erreichen, sondern erfordert Sachkenntnis auf den Gebieten der Ökonomie, der Ökologie, des Rechts, der Kultur usw.

2. Die PDS muß sich als kompetente Partei für die Gestaltung einer neuen Gesellschaft ausweisen und darf sich nicht damit begnügen, nur Interessenvertreter der sozial Schwachen oder der Opfer des Vereinigungsprozesses zu sein. Letzteres würde sie der Fähigkeit berauben, selbst gestaltend in gesellschaftliche Entwicklungen einzugreifen. Vielmehr muß sich die PDS als *Fortschrittskraft* profilieren, die tragfähige Konzepte für die Herausbildung eines neuen Typs menschlicher Zivilisation entwickeln kann, in dem Frieden gesichert, die Umwelt erhalten und geschützt, die gesellschaftlichen Bezie-

hungen sozial gerecht und demokratisch gestaltet werden und tatsächlich eine Assoziation geschaffen wird, »worin die freie Entwicklung eines jeden die Bedingung für die freie Entwicklung aller ist«.

3. Die PDS muß, will sie der Gefahr entgehen, eine elitäre linke intellektuelle Subkultur zu bilden, wirksam deutlich machen, daß sie mit ihren Forderungen reale Interessen der arbeitenden Menschen vertritt. Ein Schlüsselproblem ist hier die enge *Zusammenarbeit mit den Gewerkschaften.* Ohne die Gewerkschaften wird eine fortschrittliche Gesellschaftsgestaltung nicht möglich sein.

4. Die konsequente Weiterführung des innerparteilichen Demokratisierungsprozesses, die Überwindung der dem traditionellen Parteityp eigenen Bürokratisierungs- und Verkrustungserscheinungen, die Entwicklung hin zu einer Partei, die nicht mehr Partei im alten (parlamentarischen) Sinne ist, sondern *gleichzeitig eine starke basisgetragene außerparlamentarische Bewegung* darstellt – dies ist die große Chance der PDS, sich als nichtetablierte Partei einen festen Platz im politischen System eines künftigen Deutschland zu erobern.

Zweifellos: Die PDS kann nicht der Kristallisationskern für die Linke in Deutschland sein. Aber ebenso undenkbar ist, daß sich die Linke in Deutschland ohne oder gegen die PDS im positiven Sinne entwickeln kann. Der noch nicht ausgestandene Kampf gegen die Ausgrenzung der PDS aus dem politischen Leben muß deshalb Sache aller demokratischen Kräfte sein.

Dokumente

Statut der Partei des Demokratischen Sozialismus

(Auszug)

Die Partei des Demokratischen Sozialismus (PDS) ist eine sozialistische Partei auf deutschem Boden. Ziel und Inhalt ihres politischen Wirkens ist ein humanistischer demokratischer Sozialismus.

Darunter versteht sie die friedliche und menschenwürdige, freie Entwicklung eines jeden als Bedingung für die freie Entwicklung aller im Einklang mit der natürlichen Umwelt, die Selbstverwaltung des Volkes in allen Bereichen des gesellschaftlichen Lebens, die Überwindung der Entfremdung der Produzenten von den Produktionsmitteln, eine Gesellschaft der sozialen Sicherheit, solidarischer menschlicher Beziehungen und hoher Lebensqualität für alle Bürger.

Die PDS ist die politische Heimstatt engagierter demokratischer Sozialisten. Sie ist offen für alle Kräfte des Volkes, die sich für die Verwirklichung der Grundwerte des demokratischen Sozialismus einsetzen. Weltanschauliche Enge ist ihr fremd.

Durch Politikangebote entsprechend ihrem Programm und den Einsatz ihrer Mitglieder will die Partei gemeinsam mit anderen linken und demokratischen Kräften den Menschen dienen und zur Lösung gesellschaftlicher Aufgaben beitragen.

Die Partei steht in der Tradition der progressiven deutschen und internationalen Arbeiterbewegung. Sie ist in der sozialistischen, kommunistischen und sozialdemokratischen Arbeiterbewegung verwurzelt. Sie schöpft aus humanistischem und pazifistischem Gedankengut. Sie ist eine konsequent antifaschistische Partei. Sie stützt sich in ihrer Politik auf moderne Gesellschaftswissenschaften, insbesondere das theoretische Erbe des gesamten marxistischen Denkens.

Entschieden kämpft die Partei gegen jede Form von Nationalismus, Faschismus, Rassismus, Chauvinismus, Ausländerfeindlichkeit, Antisemitismus, Stalinismus und alle Formen der Verletzung der Würde des Menschen.

Die Partei ringt um Sympathisanten und gemeinsam mit ihnen um demokratische Mehrheiten für die Verwirklichung ihrer politischen Ziele.

Die PDS ist ein freiwilliger Zusammenschluß gleichberechtigter Mitglieder. Eine von der Parteibasis ausgehende, im Parteileben zu praktizierende und garantierte Demokratie ist Grundsatz ihres Handelns. Im innerparteilichen Leben gelten Offenheit und Meinungsvielfalt, demokratische Willensbildung, Abstimmung und Kontrolle, gemeinschaftliches Handeln und Solidarität. Die Partei wendet sich unnachsichtig gegen jegliche Formen totalitärer und monopolistischer Machtstrukturen und den daraus resultierenden bürokratischen Zentralismus und Dogmatismus.

Die internationalistischen Traditionen bewahrend, entwickelt die Partei aktive Beziehungen zu Sozialisten, Kommunisten, Sozialdemokraten und anderen demokratischen Bewegungen in Europa und in der Welt. Internationale Solidarität mit allen um nationale und soziale Befreiung Kämpfenden ist ihr ein unverzichtbares Anliegen.

I. Die Mitgliedschaft in der Partei

1. Mitglied können DDR-Bürger und Ausländer mit Wohnsitz in der DDR werden, die das 18. Lebensjahr vollendet haben, Programm und Statut anerkennen, keiner anderen Partei angehören und bereit sind, in einer Basisorganisation zu wirken.

2. Die Aufnahme erfolgt individuell durch eine Basisorganisation. Das Mitglied erhält eine Mitgliedskarte.

...

II. Der Parteiaufbau

Die Basisorganisationen

7. Die Basisorganisationen sind die wichtigsten Organisationseinheiten der Partei. Sie haben das Recht, übereinstimmend mit Programm und Statut, selbständig und frei zu entscheiden und eigenverantwortlich zu handeln.

8. Basisorganisationen werden in Übereinkunft mit dem zuständigen Kreisvorstand gebildet.

a) Bestimmende Organisationsform der Partei sind die Basisorganisationen in den städtischen Wohngebieten und Gemeinden.

b) In Betrieben, Unternehmen, Genossenschaften und Einrichtungen können die Parteimitglieder Aktivs bilden und ihre Sprecher wählen.

c) Parteimitglieder in Einrichtungen und Betrieben können sich bei vorhandenen Voraussetzungen dort oder in Basisorganisationen, die sie im Territorium bilden, organisieren.

9. Das höchste Organ der Basisorganisation ist die Mitgliederversammlung, die entsprechend ihrer eigenen Festlegung sowie nach Erfordernis, jedoch mindestens einmal in zwei Monaten, durch den Vorstand einberufen wird.

10. Die Mitgliederversammlung wählt in geheimer Abstimmung die/den Vorsitzende/n sowie den Vorstand der Basisorganisation. Beide sind der Mitgliederversammlung rechenschaftspflichtig.

11. Die Basisorganisation entscheidet über ihre Struktur eigenverantwortlich. Bestimmend für alle diesbezüglichen Festlegungen ist, die Verbindung von Vorstand und Mitgliedschaft so eng wie möglich zu gestalten und effektive, über-

schaubare Bedingungen für ein niveauvolles innerparteiliches Leben und ein lagebezogenes politisches Reagieren zu schaffen.

12. Die Basisorganisation hat das Recht,

a) zu allen Angelegenheiten ihrer eigenen Arbeit Beschlüsse zu fassen und zu denen der gesamten Partei Vorschläge und Anträge an übergeordnete Parteigremien einzubringen, auf die innerhalb von vier Wochen zu reagieren ist;

b) entsprechend dem festgelegten Delegiertenschlüssel Genossinnen und Genossen direkt zur Delegiertenkonferenz übergeordneter Ebenen einschließlich des Parteitages zu entsenden;

c) bei Bedarf eine eigene Schiedskommission zu wählen.

13. Die Basisorganisationen nehmen darauf Einfluß, daß sich ihre Mitglieder politisch bilden sowie ausreichende Informationen als Grundlage ihrer Meinungsbildung, Entscheidung und Mitarbeit erhalten. Sie können allein oder gemeinsam mit anderen Basisorganisationen Bildungszirkel organisieren und deren Thematik eigenverantwortlich festlegen.

14. Auf der Ebene von Gemeinden und Ortsteilen sowie von Städten, die nicht den Status einer Kreisorganisation haben, können auf Gesamtmitgliederversammlungen oder Delegiertenkonferenzen Vorstände und Schiedskommissionen gewählt werden.

Die Kreis- und Bezirks-/Landesorganisationen

15. Die Basisorganisationen eines Kreises bilden eine Kreisorganisation, die Kreisorganisation eines Bezirkes/Landes die Bezirks-/Landesorganisation.

...

Die höchsten Organe der Partei

23. Das ständige höchste Organ der Partei ist der Parteitag. Er ist beschlußfähig, wenn mehr als die Hälfte der Delegierten anwesend ist.

Die Delegierten behalten bis zur Neuwahl ihr Mandat. Die delegierende Mitgliederversammlung oder Delegiertenkonferenz kann zwischenzeitlich das Mandat entziehen, wenn dafür schwerwiegende Gründe vorliegen.

Können Delegierte wegen Ausscheidens aus der Parteiorganisation, von der sie ihr Mandat erhielten, wegen Beendigung der Mitgliedschaft oder Entziehung ihres Mandats ihr Mandat nicht mehr wahrnehmen, kann die delegierende Parteiorganisation einem anderen Parteimitglied das Mandat durch geheime Wahl übertragen...

28. Der Parteivorstand

a) ist Organ des Parteitages und wird durch den Parteivorsitzenden einberufen;

b) tagt mindestens einmal innerhalb von zwei Monaten;

c) wählt die Stellvertreter der/des Parteivorsitzenden, die Leiter/innen der Kommissionen und den Schatzmeister der Partei. Die/der Parteivorsitzende, ihre/seine Stellvertreter, die Leiter/innen der Kommissionen, der Schatzmeister, die/der Fraktionsvorsitzende der Partei in der obersten Volksvertretung und weitere gewählte Mitglieder bilden das Präsidium;

d) ist berechtigt, zur Verwirklichung der Beschlüsse des Parteitages und zur Lösung aktuell-politischer Aufgaben Beschlüsse mit Stimmenmehrheit zu fassen.

Zu ihrer Durchführung kann das Präsidium des Parteivorstandes Beschlüsse fassen. Es ist verpflichtet, auf Sitzungen des Parteivorstandes Tätigkeitsberichte zu geben;

e) arbeitet mit Kommissionen, die vorwiegend aus ehrenamtlichen Mitgliedern bestehen;

f) bestätigt gewählte oder berufene Herausgeber/innen, Chefredakteure/innen von Publikationsorganen der Partei und Leiter/innen von Parteiverlagen;

g) leitet und kontrolliert die Einrichtungen der Partei, verteilt die Mittel der Partei und verwaltet die zentrale Parteikasse bei jährlicher Offenlegung der Verwendung der Finanzen.

29. Tagungen des Parteivorstandes müssen außerplanmäßig einberufen werden, wenn dies ein Viertel der Mitglieder des Parteivorstandes oder der Bezirks-/Landes- und Kreisvorstände fordert.

30. Die/der Parteivorsitzende vertritt die Partei. Sie/er leitet und koordiniert die Arbeit des Parteivorstandes und des Präsidiums. Sie/er ist dem Parteitag und dem Parteivorstand rechenschaftspflichtig.

Der Parteivorstand kann der /dem Parteivorsitzenden mit absoluter Mehrheit das Mißtrauen aussprechen. Im entsprechenden Fall wird der Parteitag einberufen.

31. Die vom Parteitag zu wählende Schiedskommission ist dem Parteitag rechenschaftspflichtig und berichtet ihm über die Ergebnisse ihrer Arbeit.

...

33. Wahlfunktionen in der Partei dürfen nicht länger als 10 Jahre hintereinander auf der gleichen Ebene ausgeübt werden.

34. Die bei und in Vorständen hauptamtlich tätigen Parteimitglieder sind in Basisorganisationen außerhalb ihrer Leitungsgremien organisiert.

35. Alle zwei Jahre finden auf allen Ebenen bis zum Parteitag geheime Wahlen statt, die mit Rechenschaftslegungen der Parteivorstände und Schiedskommissionen verbunden sind. Entsprechend den territorialen Gegebenheiten können auf Kreis- und Bezirks-/Landesebene notwendige eigene Regelungen getroffen werden.

Dem Grundsatz der Gleichberechtigung folgend, ist in allen gewählten Organen der Partei die anteilige Vertretung der Geschlechter entsprechend der jeweiligen Zusammensetzung der Mitgliedschaft anzustreben.

Für die Vorbereitung und Durchführung der Parteiwahlen beschließt der Parteivorstand eine Wahlordnung.

...

Quelle: Wahlparteitag der PDS, 24./25. Februar 1990, Dietz Verlag, Berlin 1990.

Programm der Partei des Demokratischen Sozialismus

(Auszug)

In einer Zeit, die voller Hoffnungen und Befürchtungen ist, legt die Partei des Demokratischen Sozialismus dieses Programm vor. Es markiert unsere Positionen und Zielvorstellungen in den stürmischen Prozessen unserer Zeit.

Die Menschheit steht an der Schwelle zum dritten Jahrtausend. Wie wird sie diese Schwelle überschreiten – werden Frieden und Wohlstand oder Zwietracht und Elend überwiegen?

Noch niemals in der Geschichte zuvor haben die Menschen einerseits so viele Güter produziert und sie andererseits so ungerecht verteilt. Noch nie haben sie einen höheren Berg Vernichtungsmittel angehäuft, mit dem die menschliche Zivilisation ausgelöscht werden kann.

Es ist eine Zeit ungeahnter Chancen und unkalkulierbarer Risiken. Eine Zeit des Umbruchs, der Neubestimmung von Werten und Wegen.

Unsere Welt braucht eine neue Art von Fortschritt zur Bewältigung globaler Probleme, die auch immer unsere eigenen sind. Es geht um

– sozial und ökologisch verträgliche Entwicklung statt rücksichtsloser Jagd nach dem technisch Machbaren;

– eine solidarische Wirtschaftsordnung statt Wachstum zum Nutzen der einen und zum Schaden der anderen;

– vorausschauendes und also auch planend beherrschtes Wachstum statt nachträglicher Reparatur blindlings verursachter Schäden;

– die Schaffung einer dauerhaften Friedensordnung und den kulturvollen Umgang aller Interessengruppen miteinander statt andauernder Kriegsgefahr, Androhung atomarer Gewalt und militärischer Konfliktlösung.

In dieser Zeit wurde durch den administrativ-zentralistischen

Sozialismus eine der größten humanistischen Ideen der Menschheitsgeschichte, die Idee des Sozialismus, in den Schmutz gezogen. Der Begriff des Sozialismus ist diskreditiert. Wer ihm anhängt, kommt in den Verdacht, stalinistische Zeiten zurückzuwünschen. So sehr wir das verstehen, es bleibt doch auch Tatsache, daß die sozialistische Ursprungsidee nichts von ihrer Aktualität eingebüßt hat.

Der Kapitalismus ist wirtschaftlich effizient, und er hat die Weltzivilisation bereichert. Aber er erweist sich als unfähig, den globalen Interessen der Menschheit zur Sicherung des Friedens, zur Abrüstung und zur Schaffung eines ausgewogenen Verhältnisses zur Natur zu entsprechen sowie soziale Gerechtigkeit zu gewährleisten. Die starken kapitalistischen Industriestaaten sichern sich ihren Reichtum zu einem nicht unbedeutenden Teil auf Kosten der Völker in den Entwicklungsländern. Sie wehren sich gegen die Schaffung einer gerechten Weltwirtschaftsordnung.

Der Sozialismus als Ausdruck uralter Menschheitsideale – soziale Gerechtigkeit, Solidarität, Freiheit für die Unterdrückten, Hilfe für die Schwachen – ist unvergänglich, mögen ihn seine Gegner auch hundertmal totsagen. Das Angebot an die Menschen, menschlicher und solidarischer miteinander umzugehen, ist aktueller denn je für den Weg in eine gesicherte Zukunft.

I. Wer wir sind, und was wir wollen

Die Partei des Demokratischen Sozialismus – sozialistische Partei auf deutschem Boden

Das Volk hat in unserem Land einen tiefen Umbruch eingeleitet. Die obrigkeitsstaatlichen administrativen Strukturen in der DDR wurden gebrochen. Damit eröffnete die Volksbewegung die Chance für einen demokratischen Neubeginn. Wir wollen uns beteiligen am Erhalt und Ausbau der neugewonnenen demokratischen Errungenschaften.

Die Partei des Demokratischen Sozialismus ist für die Einheit Deutschlands in einem Verbund freier und gleichberechtigter Völker und Nationen Europas. Bedingung für diese Perspektive ist, daß sich beide deutsche Staaten wandeln, die von ihren Bürgern getragenen Werte nicht aufgeben und Eigenständiges einbringen können. Die PDS steht für die Bewahrung

– einer dem Frieden, dem Antifaschismus und der Solidarität bewußt verpflichteten Haltung im Volke;

– eines beachtlichen Niveaus der Kultur zwischenmenschlicher Beziehungen, die wärmer und solidarischer sind als die einer Ellenbogengesellschaft;

– sozialer Sicherung, die auch das Recht auf Arbeit und durch einen großen gesellschaftlichen Wohnungsfonds gesichertes Wohnen einschließt;

– der bisher verfassungsmäßig garantierten Rechte der Frauen;

– mit der Volksbewegung entstandener neuer Formen basisdemokratischer Einflußnahme und der verfassungsmäßigen Garantie des Volksentscheids;

– eines hohen Grades persönlicher Sicherheit durch Kriminalitätsvorbeugung und -bekämpfung;

– eines hohen Versorgungsgrades mit Plätzen in Kindergärten und Kinderkrippen, einer vom sozialen Besitzstand unabhängigen Bildung;

– der Unmöglichkeit der Spekulation mit Grund und Boden;

– der Ergebnisse der Bodenreform und entwicklungsfähiger landwirtschaftlicher Produktionsgenossenschaften.

Die PDS ist als sozialistische Partei offen für alle Kräfte des Volkes, die sich für eine Gesellschaft der sozialen Gerechtigkeit und solidarischer menschlicher Beziehungen einsetzen. Sie orientiert sich besonders an den Interessen der Arbeiterinnen und Arbeiter und aller Werktätigen. Sie strebt kein Monopol der Macht an. Geistige Intoleranz, Unfehlbarkeitsglauben, Missionarismus und politisches Sektierertum sind ihr fremd. Ein Wahrheitsmonopol gibt es für uns nicht.

Ihr politisches Selbstverständnis schöpft die Partei aus den Strömungen der deutschen und internationalen Arbeiterbewegung, aus den revolutionären und demokratischen Traditionen des deutschen Volkes und aus dem Antifaschismus. Die PDS ist sich vieler Berührungen zu pazifistischen und religiös begründeten humanistischen Standpunkten bewußt und nimmt sie in sich auf.

Wir schöpfen aus der Geschichte des humanistischen Denkens, insbesondere aus den dialektischen und materialistischen Auffassungen von Karl Marx und Friedrich Engels, Wilhelm Liebknecht und August Bebel, Eduard Bernstein und Karl Kautsky, Rosa Luxemburg und Karl Liebknecht, W. I. Lenin und Antonio Gramsci und ihrer nachfolgenden vielfältigen Weiterentwicklung. Die Partei nimmt all diese Ideen kritisch in sich auf.

Für die Bewältigung von Gegenwart und Zukunft bedarf es des ganzen Reichtums modernen, progressiven gesellschaftstheoretischen Denkens unserer Zeit.

Die Mitgliedschaft in der Partei ist aber nicht an ein bestimmtes weltanschauliches Bekenntnis gebunden. Die Partei gewinnt ihre Einheit aus der Gemeinsamkeit der politischen Ziele ihrer Mitglieder und dem toleranten Umgang untereinander. Die Formulierung ihrer Ziele schließt den Wettstreit der Ideen der Mitglieder, von Plattformen und innerparteilichen Strömungen ein. Demokratische Strukturen sichern, daß die Partei eine handlungsfähige Partei ihrer Mitglieder ist, und gewährleisten demokratische Willensbildung von unten nach oben. Handlungsgrundlage sind mehrheitlich gefaßte Beschlüsse. Minderheiten haben das Recht, ihren Standpunkt öffentlich zu vertreten und erneut zur Entscheidung zu stellen.

Die Partei strebt Übereinstimmung und gemeinsames Handeln mit anderen Parteien und demokratischen Bewegungen zur Lösung von Lebensfragen der Menschen an. Sie tritt für ein partnerschaftliches Verhältnis zur Sozialdemokratie ein. Als deutsche sozialistische Partei ist sie Teil der breiten internationalen demokratischen und linken Bewegungen, die für Frieden, Demokratie und sozialen Fortschritt eintreten. Sie will mit allen Kräften zusammenwirken, die sich für eine humanistische Lösung der globalen Probleme unserer Zeit einsetzen.

Unsere Werte

Werte, denen unsere Partei verpflichtet ist, sind:

1. *Individualität.* Sie schließt die freie Entwicklung des Denkens und Fühlens, der Fähigkeiten und Talente jedes Menschen, die Verwirklichung individueller Bestrebungen und Neigungen, die Gestaltung reicher sozialer Beziehungen zu anderen Menschen, Selbständigkeit im Urteilen und Handeln des einzelnen ein.

2. *Solidarität.* Wir wollen Solidarität zwischen den arbeitenden Menschen, den Generationen, den Geschlechtern, den Völkern, den Nationen und Nationalitäten entwickeln und ausprägen.

3. *Gerechtigkeit.* Jeder Mensch, jede soziale und nationale Gruppe, jede demokratische politische Kraft soll die gleichen Chancen und die gleichen Rechte haben, ihre Interessen in die Gesellschaft einzubringen.

4. *Sinnerfüllte Arbeit und Freizeit.* Das setzt die effektive Gestaltung der Arbeitsbedingungen, schrittweise Verringerung und flexible Gestaltung der Arbeitszeit im Interesse der Arbeitenden und persönlichkeitsfördernde Arbeitsinhalte voraus. Es muß die Möglichkeit erweitert werden, die freie Zeit nach eigenen Vorstellungen schöpferisch zu gestalten und dabei die für das Wohlbefinden und die Entwicklung des Menschen notwendige Muße, Entspannung und Anregung zu finden.

5. *Freiheit, Demokratie und Menschenrechte.* Die Respektierung der Würde und Freiheit jedes einzelnen Menschen ist unabdingbar für gesellschaftliches Zusammenleben in Demokratie. Die Menschenrechte in ihrer Einheit und Universalität sind für uns entscheidender Maßstab für gesellschaftliches Handeln.

6. *Bewahrung der natürlichen Lebensgrundlagen.* Davon

hängt die Existenz jedes Menschen ab. Deshalb müssen Ökonomie und Ökologie sowohl im gesamtgesellschaftlichen Reproduktionsprozeß als auch international auf neue Weise miteinander verbunden werden. Wertvorstellungen, Bedürfnisse und Lebensstil müssen sich an einer gesunden und schönen Umwelt orientieren, um sie auch für nachfolgende Generationen zu erhalten.

7. *Innerer und äußerer Frieden.* Eine politische Kultur des Zusammenlebens der Menschen, die durch Gewaltlosigkeit, Toleranz, gegenseitigen Respekt der sozialen Gruppen, der Geschlechter, Generationen und Nationalitäten, durch Dialog und schöpferischen Meinungsstreit, Friedensliebe, Humanismus, Antifaschismus, Völkerfreundschaft und Achtung anderer Kulturen geprägt ist, ist für die Sicherung des Friedens im Inneren unserer Gesellschaft und zwischen den Völkern unerläßlich.

Unsere Ziele

Wir verfolgen eine linke, sozialistische Politik und treten ein für

– Freiräume zur Entfaltung eines jeden;

– einen modernen Rechtsstaat, in dem die individuellen und politischen ebenso wie die sozialen, kulturellen und kollektiven Menschenrechte verwirklicht werden;

– eine Marktwirtschaft mit einem hohen Maß an sozialer und ökologischer Sicherheit, Chancengleichheit und persönlicher Freiheit für alle Mitglieder der Gesellschaft;

– eine tatsächliche gesellschaftliche Gleichstellung der Geschlechter und eine neue Kultur ihres Zusammenlebens;

– eine Gesellschaft, die Kindern, älteren Bürgern, Behinderten, grundsätzlich allen Schwachen gesellschaftliche Wärme, Schutz und Hilfe zuteil werden läßt;

– bürgerfreundliche Strukturen und selbstbestimmte Entwicklung der Kommunen;

– vielfältige politische, berufliche und kulturelle Entfaltungsmöglichkeiten der Jugend;

– eine Kulturgesellschaft, in der sich das Individuum entfalten kann, in der sich Wissenschaft, Bildung, Kultur und Sport frei entwickeln und dem ganzen Volk zugänglich sind;

– Frieden, allgemeine und vollständige Abrüstung, Weltoffenheit, Freundschaft und Solidarität mit allen Völkern, für eine gerechte Weltwirtschaftsordnung und für die Respektierung des Selbstbestimmungsrechts jedes Volkes.

In Verwirklichung dieser Ziele streben wir gemeinsam mit anderen linken und demokratischen Kräften einen demokratischen Sozialismus an.

Demokratischer Sozialismus, das heißt für uns Eintreten für eine friedliche, humane und solidarische Gesellschaft, in der sich jeder Mensch in Gemeinschaft mit anderen frei entfalten und gleichberechtigt am wirtschaftlichen, politischen und geistig-kulturellen Leben teilnehmen kann. Demokratischer Sozialismus ist für uns nichts Abgeschlossenes, kein Gesellschaftssystem, das wir in Kürze auf deutschem Boden haben werden, sondern ein Weg, eine ständige Aufgabe und Herausforderung.

II. Wege des Fortschritts in unserer Gesellschaft

Marktwirtschaft und soziale Ideale

Die Partei des Demokratischen Sozialismus tritt für eine Marktwirtschaft ein, weil sie einen raschen wissenschaftlich-technischen Fortschritt und eine hohe ökonomische Effektivität ermöglicht. Insofern ist sie das entscheidende Mittel, um hohe Leistungen zu stimulieren und auf effektive Weise Bedürfnisse der Produzenten und Konsumenten zu befriedigen und den wachsenden sozialen Ansprüchen zu genügen. In diesem Sinne ist eine am Gemeinwohl der Gesellschaft und von dem Wohl jedes einzelnen orientierte Marktwirtschaft kein Widerspruch zu sozialistischen Wertvorstellungen. Das muß eine Marktwirtschaft sein mit ausgeprägter sozialer und ökologischer Zielstellung, die Leistung stimuliert und belohnt und wirtschaftliche Initiative in jeder Weise fördert. Die Regulierung durch den Markt muß im Interesse des Gemeinwohls unserer Gesellschaft und zukünftiger Generationen durch strategische Wirtschaftssteuerung des Staates ergänzt werden, wobei der Gesamtprozeß der demokratischen Kontrolle der Öffentlichkeit unterliegen muß...

Rechtsstaatlichkeit und Gewaltenteilung
Demokratie ist für uns grundlegendes Ziel, eigenständiger Wert und unverzichtbare Bedingung zur Gesellschaftsgestaltung. Wir streben nach einer höheren Qualität von Demokratie, in der sich parlamentarische Demokratie mit Wirtschaftsdemokratie sowie kommunaler Selbstverwaltung eng verbindet. Wir sind gegen jeden Überwachungs- und Unterdrükkungsstaat und -apparat. Wir wollen dazu beitragen, einen demokratischen Rechtsstaat zu schaffen, der sich auf umfassende gesetzlich geregelte und gerichtlich einklagbare Grundrechte des Bürgers stützt. Dem Bürger muß alles erlaubt sein, was nicht durch Gesetz verboten ist. Dem Staat ist nur erlaubt, was das Gesetz gebietet....

III. Europa und die Deutschen in einer sich erneuernden Welt

Unser Ziel ist ein entmilitarisiertes vereinigtes Europa der nationalen, sozialen, kulturellen und regionalen Vielfalt. Wollen wir die Stabilität auf dem Kontinent, seine friedliche und kooperative Perspektive, die Interessen der europäischen und außereuropäischen Völker und Staaten und die nationalen Interessen der Deutschen in beiden Staaten nicht gefährden, so muß die Lösung der deutschen Frage in einem gesamteuropäischen Prozeß erfolgen, diesen fördern und ihm nicht Hemmnisse entgegenstellen.

Die PDS ist für die friedliche und demokratische Einheit des deutschen Volkes in einem Verbund freier und gleichberechtigter Völker und Nationen Europas. Die künftige staatliche Struktur dieser Einheit soll durch freie Selbstbestimmung der

Deutschen und gleichberechtigte Verhandlungen beider deutschen Staaten unter Wahrung der Rechte und Verantwortlichkeiten der vier Mächte, des Anspruchs der Nachbarn Deutschlands, besonders Polens und der Tschechoslowakei auf sichere Grenzen und im Zusammenhang mit der europäischen Einigung entschieden werden.

Die tiefen sozialökonomischen und gesellschaftlichen Unterschiede stellen auf beiden Seiten unterschiedliche Anforderungen an die Politik des Zusammenwachsens, an die Einführung des Währungs-, Wirtschafts- und Sozialverbundes und an die Rechtsangleichung. Diese Unterschiedlichkeit verlangt, daß jeder Staat seine eigene Souveränität aktiv vertritt, damit die Werte beider Seiten in die neue Gemeinschaft Eingang finden können. Jedes Hochspielen nationaler Emotionen, eigensüchtige nationale Alleingänge der Deutschen oder gar ein neuerlicher deutscher Chauvinismus bergen unkontrollierbare Sicherheitsrisiken nicht nur für unser Volk, sondern für alle Völker Europas und der Welt in sich...

Eine Welt ohne Krieg und Gewalt ist keine Utopie

Unsere Partei setzt sich für die Errichtung eines Systems umfassender Sicherheit auf der Grundlage der Charta der Vereinten Nationen ein. Es soll politische, wirtschaftliche, ökologische, humanitäre, militärische und andere Zusammenarbeit umfassen, die zu intensiver Interessenverflechtung zwischen den Staaten und Völkern führen wird. Sie muß gemeinsam mit wirksamen politischen und rechtlichen Instrumentarien der internationalen Gemeinschaft die zuverlässige Grundlage allgemeiner Sicherheit bilden. Das Ziel eines politischen Systems internationaler Sicherheit muß die Überwindung der gegenwärtigen Abschreckungsrealität, der militärischen Bedrohung anderer Völker sowie die Beendigung des nuklearen und konventionellen Wettrüstens sein. Der Krieg muß endlich für immer und überall aus dem Leben aller Völker verbannt werden!

Allgemeine und vollständige Abrüstung ist unser Ziel. Die Hindernisse und der Widerstand gegen dieses Ziel sind groß.

Ein realistischer Weg und Zwischenschritte sind erforderlich, die auch für die gegenwärtigen Gegner einer kernwaffenfreien Welt akzeptabel sind...

Unsere Vision als Bestandteil des Menschheitsfortschritts
Das Bündnis der DDR mit der Sowjetunion betrachten wir als eine entscheidende Bedingung ihrer Existenz- und Entwicklungsfähigkeit und als Faktor der europäischen Stabilität in der gegenwärtigen Umbruchsphase. Wir bekräftigen nachdrücklich unsere Solidarität und Unterstützung für eine sozial progressive und demokratische Erneuerung der Gesellschaften in der Sowjetunion und in anderen Ländern. Diesem Ziel dienen die engen und freundschaftlichen Beziehungen zwischen der KPdSU und der PDS.

Wichtige Partner der DDR sehen wir in unseren östlichen Nachbarn. Wir stehen für die Unantastbarkeit ihrer Grenzen ein. Die Partei wirkt für die Demokratisierung des Warschauer Vertrages. Gegenseitiges Vertrauen, Respektierung der Interessen und volle Öffnung für den gesellschaftlichen Austausch sind notwendige Bedingungen für die künftige Zusammenarbeit.

Die Partei übt aktive Solidarität mit den Völkern der Dritten Welt, um im gemeinsamen Ringen zur Milderung und schließlichen Überwindung von Hunger, Armut und Umweltzerstörung für eine gerechte Weltwirtschaftsordnung beizutragen. Sie setzt sich für das Recht eines jeden Volkes auf freie Wahl des sozialen und politischen Entwicklungsweges ein.

Mit allen Kräften des demokratischen Sozialismus in Ost und West, Nord und Süd treten wir ein für die Verwirklichung der Ideale von Freiheit, Gleichheit und Brüderlichkeit in einer Gesellschaft sozialer Gerechtigkeit und Solidarität. Dies ist für uns der Kern der Vision vom demokratischen Sozialismus als Bestandteil des Menschheitsfortschritts.

Quelle: Wahlparteitag der PDS, 24./25. Februar 1990, Dietz Verlag, Berlin 1990.

Grundpositionen der PDS zur Wirtschaftspolitik. Aus der Kommission Wirtschafts-, Landwirtschafts- und Sozialpolitik beim Parteivorstand

(Auszug)

Die vorliegenden Grundpositionen wurden am 7. April 1990 in der Kommission Wirtschafts-, Landwirtschafts- und Sozialpolitik und am 6. April 1990 mit den Leitern der Kommissionen für Wirtschafts- und Sozialpolitik der Bezirksvorstände der PDS beraten. Die Beratungsergebnisse wurden in die vorliegende Fassung eingearbeitet.

I. Anforderungen an das wirtschaftspolitische Wirken der PDS

In der vor uns liegenden Etappe kommt es für die PDS darauf an, ihre Vorstellungen zu einer Marktwirtschaft, die sozial und ökologisch orientiert ist, in Übereinstimmung mit dem Vereinigungsprozeß der beiden deutschen Staaten auszuarbeiten. Sie müssen realistisch sein, den sich tatsächlich vollziehenden Prozessen entsprechen und zugleich die programmatischen Zielsetzungen der PDS berücksichtigen. Ein solches Konzept muß die Politikfähigkeit der Partei und ihre Identität als moderne linke sozialistische Kraft deutlich machen.

Die PDS geht davon aus, daß sich die Marktwirtschaft gegenüber der zentralen Kommandowirtschaft eindeutig als überlegen, als effektiver, flexibler und die Kreativität der Menschen stärker fördernd erwiesen hat.

Sie tritt für eine Marktwirtschaft ein, die Leistung stimuliert und belohnt sowie wirtschaftliche Initiative fördert. Eine solche Wirtschaft ist Bedingung für die freie Entwicklung des Individuums, für die Verbesserung der Lebensqualität und der

Bedürfnisbefriedigung. **Die Marktwirtschaft ist für uns das Mittel, um Effektivitätsfortschritt zu erreichen und auf diese Weise gesellschaftliche Bedürfnisse zu befriedigen und wachsenden sozialen und ökologischen Ansprüchen zu genügen.** Soziale und ökologische Orientierung bedeutet dabei, an die Bewältigung globaler, sozialer, kultureller und technologischer Probleme so heranzugehen, daß die gegenwärtigen und zukünftigen Menschheitsinteressen berücksichtigt werden und eine weitgehende Selbstbestimmung aller Individuen realisierbar wird. Hierzu gehört weiter, daß der damit verbundene Interessenausgleich zwischen Klassen und Schichten sowie den Subjekten des politischen und wirtschaftlichen Handelns konsequent demokratisch vollzogen wird. Es gilt, solidarische Verhaltensweisen der arbeitenden Menschen untereinander, gegenüber Arbeitslosen, Kindern, älteren Bürgern und sozial Schwachen, gegenüber den Völkern der Dritten Welt und auch zukünftigen Generationen zu fördern.

In nächster Zeit wird es zur Währungs- und Wirtschaftsunion und damit zur weitgehenden faktischen ökonomischen Vereinigung beider deutscher Staaten kommen. Das ist ein Prozeß, der mit einer weitgehenden Angliederung der Wirtschaft der DDR an die BRD verbunden ist und mit dem sich auf dem Territorium der DDR eine kapitalistische Marktwirtschaft herausbilden wird.

Ausgehend von vorgenannten Überlegungen ergeben sich insbesondere folgende Kriterien für das wirtschaftspolitische Wirken der PDS:

– Die PDS geht davon aus, daß wirtschaftlicher Wettbewerb für die gesellschaftliche Entwicklung unverzichtbar ist. Welche Form des Eigentums, der realen Aneignung die produktivste ist, wird wesentlich von der Entwicklung der Produktivkräfte, insbesondere von den differenzierten technologischen, strukturellen, organisatorischen Bedingungen sowie dem Grad der Vergesellschaftung der Produktion bestimmt. Die PDS tritt deshalb für eine Vielfalt des Eigentums an den

Produktionsmitteln sowie für die rechtliche Gleichstellung und gleiche Wettbewerbschancen aller Eigentumsformen ein.

Sie setzt sich dafür ein, die Produktivitätspotenzen des Gemeineigentums in seinen verschiedenen Formen bestmöglich wirksam zu machen.

Die Marktwirtschaft bedarf einer Wettbewerbsordnung, die den gesellschaftlichen Zielen Priorität gegenüber dem Gewinnstreben der Unternehmen einräumt. Sie ist deshalb notwendig demokratisch zu gestalten. Die Marktwirtschaft, die sich als die Wirtschaftsordnung erwiesen hat, die vermittels des Wettbewerbs zu wirtschaftlicher Effizienz führt, ist mit erheblichen sozialen, ökologischen und kulturellen Problemen und Risiken verbunden. Ökologisch und sozial orientiertes, dem gesellschaftlichen Fortschritt und den Zukunftsinteressen der Menschheit verpflichtetes Handeln ist kein der Marktwirtschaft immanentes Prinzip. Der Markt schafft weder Vollbeschäftigung noch sichert er den Schutz der Umwelt. Eine sozial und ökologisch orientierte Marktwirtschaft erfordert die demokratische Gestaltung des wirtschaftlichen Wettbewerbs und die öffentliche Kontrolle des Eigentums. Erst mit einer entwickelten Wirtschaftsdemokratie wird politische Demokratie real für alle. Die ökonomischen Aktivitäten sind dabei vor allem durch marktkonforme Mittel auf soziale, ökologische und kulturelle Erfordernisse zu richten.

Für die Durchsetzung demokratischer Verhältnisse in der Wirtschaft ist im Zuge der Vereinigung beider deutscher Staaten und der europäischen Integration das Zusammenwirken aller konsequent demokratischer Kräfte in Ost und West notwendig.

– Voraussetzung für eine vorausschauende demokratische Gestaltung der wirtschaftlichen Entwicklung sind die konsequente politische Gewaltenteilung zwischen Legislative, Exekutive und Jurisdiktion, starke Interessenvertretungen der Beschäftigten, vor allem Gewerkschaften und Betriebsräte, als Grundlage demokratischer Regelung von Interessenkonflikten. Eine unverzichtbare Grundlage für Wirtschaftsdemokratie ist die wirksame Einflußnahme der Volksvertretungen auf die wirtschaftliche und soziale Entwicklung...

– Die Mitbestimmung der Bürger bei wirtschaftspolitischen Entscheidungen darf nicht vor den Toren der Fabriken, Landwirtschaftsbetrieben und Forschungseinrichtungen enden. Eine unverzichtbare Grundlage für Wirtschaftsdemokratie ist die öffentliche Kontrolle über Wirtschaftsentscheidungen der Unternehmen.

Die Entscheidungen der Unternehmen darüber, welche technologisch und ökonomisch möglichen Entwicklungen durchgesetzt, welche Innovationsstrategien realisiert werden, können nicht allein nach den Kriterien betriebsökonomischer Rationalität getroffen werden. Diese Entscheidungen müssen wirksam durch Interessen beeinflußt werden, die an sozialen, ökologischen und kulturellen Werten orientiert sind. Dazu sind vor allem in den Großunternehmen solche Mitbestimmungsmodelle zu etablieren, mittels derer auf rechtsstaatlichem Wege über Innovations- und Marktstrategien weitgehend durch Interessenkonsens entschieden wird. In die Aufsichtsräte sind deshalb neben den Vertretern der Belegschaft auch Vertreter der Kommunen, ökologischer Bewegungen und ggf. der Verbraucherorganisationen einzubeziehen. Die PDS unterstützt in diesem Zusammenhang alle demokratischen Verbraucherorganisationen und unabhängige Expertenkommissionen, Stiftungen etc., die durch eine Bewertung der Qualität und ökologischen Verträglichkeit von Produkten und Technologien das Verhalten der Verbraucher und Anwender und somit die Markt- und Innovationsstrategien der Unternehmer beeinflussen.

– Von besonderem Gewicht für die demokratische Regulierung des wirtschaftlichen Wettbewerbs ist die öffentliche Kontrolle über die Banken und andere Geldinstitute. Die Mitbestimmung in der Wirtschaft wird wesentlich davon beeinflußt, daß die strategischen Entscheidungen der Banken demokratisiert werden. Die PDS tritt deshalb dafür ein, auch in den Aufsichtsgremien der Banken solche Mitbestimmungsmodelle durchzusetzen, die denen in der gewerblichen Wirtschaft analog sind.

– Die PDS tritt für eine Wirtschaftsverfassung ein, die sinnvolle Arbeit für alle, menschenwürdige und sozial gerechte Arbeits- und Lebensbedingungen und kreative Entfaltungsmöglichkeiten im Arbeitsprozeß und in der Gesellschaft beinhaltet und fördert.

Die Grundrechte auf Arbeit, Wohnen, Bildung, Schutz der Gesundheit und Schutz der Natur gehören in die Verfassung. Erforderlich ist eine aktive Sozial- und Beschäftigungspolitik des Staates, die die Arbeits- und Lebensbedingungen humaner macht sowie auf die Sicherung der verfassungsmäßigen Grundrechte gerichtet ist.

Die PDS wird konsequent für die Interessen der Kinder, der älteren Bürger und der sozial Benachteiligten einstehen.

– In ihren Vorstellungen zur Wirtschaftspolitik trägt die PDS dem Grad der erreichten Zerstörung unserer natürlichen Lebensgrundlagen Rechnung. Es geht um einen ökologischen Umbau unserer Gesellschaft und das Beenden der Verschwendung von nichtersetzbaren Ressourcen sowie auch darum, neuen Tendenzen der Verschwendung und Umweltbelastung, wie z. B. bei Verpackungsmaterialien, rechtzeitig entgegenzuwirken. Ökologische Anforderungen dürfen nicht dem Wirtschaftswachstum untergeordnet werden. Die PDS grenzt sich von einem einseitigen Wirtschaften auf Kosten der Natur deutlich ab. Sie berücksichtigt zugleich, daß ein stabiles, effektives Wirtschaftswachstum eine unerläßliche Bedingung ist für den Aufbau einer ökologisch orientierten Marktwirtschaft mit umweltfreundlichen und ressourcensparenden Produktions- und Konsumtionsformen. Der ökologische Umbau muß sozial verträglich erfolgen. Es bedarf grundlegender Strukturveränderungen in der Wirtschaft, ökonomischer Zwänge und staatlicher Vorgaben und Normative ...

Die PDS tritt dafür ein, in allen Betrieben und Territorien Anpassungsprogramme zu erarbeiten, die dem Recht auf Arbeit verpflichtet sind. Jeder, der arbeiten will, soll dafür entsprechend seinen körperlichen und geistigen Fähigkeiten Möglichkeiten erhalten. Die Werktätigen sollen zugleich günstige Bedingungen zur Qualifizierung für eine neue Tätigkeit erhalten und dabei sozial abgesichert sein...

Wir halten es für ökonomisch erforderlich, die natürlichen Standorte der Agrarproduktion künftig hinsichtlich des Intensitätsniveaus differenzierter zu nutzen, durch Einführung ressourcensparender Feldbau- und Tierproduktionssysteme eine enge Verbindung von effektivem und ökologiegerechtem Wirtschaften herzustellen und durch vorrangige Erweiterung und Erneuerung der Schlacht-, Kühl- und Verarbeitungskapazitäten, Senkung der Verluste und Reduzierung der Tierbestände in Übereinstimmung mit ihrer Leistungsentwicklung zu effektiven Proportionen zwischen Landwirtschaft und Nahrungsgüterwirtschaft und Lebensmittelindustrie zu gelangen.

– Die PDS tritt für die schrittweise Herausbildung eines einheitlichen europäischen Wirtschafts- und Sozialraumes und die Nutzung der europäischen Integration als Faktor einer weltweiten Wirtschaftskooperation ein, die der Dringlichkeit der Lösung globaler Probleme entspricht. Notwendig ist eine Neugestaltung der Weltwirtschaft, die allen Völkern Möglichkeiten für wirtschaftlichen und sozialen Fortschritt eröffnet und die die Lebensgrundlagen der Menschheit bewahrt. Wirtschaftswachstum und höherer Lebensstandard auf Kosten der Länder der Dritten Welt widersprechen der humanistischen und sozialen Programmatik der PDS...

Quelle: PDS – Pressedienst, Nr. 14, 11. April 1990.

Für eine lebenswerte Umwelt
(Auszug)

Diskussionsangebot der Partei des Demokratischen Sozialismus. Kommission Umweltpolitik beim Parteivorstand der PDS Februar 1990

Umweltqualität ist Lebensqualität. Eine lebenswerte, gesunde und schöne Umwelt ist elementares Menschenrecht.

Setzen wir es bei uns durch!

Schaffen wir eine menschenwürdige Umwelt für uns, unsere Kinder und Enkel!

Umweltpolitik muß endlich Teil der Sozialpolitik werden! Soziale und ökonomische Ziele können nicht auf die Dauer gegen ökologische Erfordernisse verwirklicht werden. Viel zu lange haben wir auf Kosten der Natur gewirtschaftet. Unser Fortschrittsverständnis muß **Arbeit und Natur** als Quellen gesellschaftlichen Reichtums begreifen. Nur ökologisch vernünftiges Handeln ist auch volkswirtschaftlich und sozial vernünftig.

Friedenssicherung, soziale, ökologische und nukleare Sicherheit – das sind Werte, die **wir** in die Gemeinschaft europäischer Völker und in die deutsch-deutschen Beziehungen einbringen wollen. Wir verurteilen die bisherige umweltignorante Wirtschaftspolitik.

Selbsttäuschung, Schönfärberei, Geheimhaltung von Umweltdaten, Verbot von Büchern und Filmen, Kriminalisierung engagierter umweltbewußter Bürger kennzeichneten die »Umweltpolitik«, solange die Mittags-Sonne schien. Selbst Genossen waren Verfolgungen ausgesetzt.

Viele von ihnen engagierten sich trotzdem weiter für unsere Umwelt.

Auch mit ihren Gedanken unterbreiten wir dieses Diskussionsangebot.

Für ökologische Sicherheitspartnerschaft in Europa

Der bisherige Rüstungswahnsinn und die Ausplünderung des Planeten haben die Menschheit an den Rand des Abgrundes gebracht. Diese verhängnisvolle Entwicklung muß gebrochen werden! Neues Denken für eine sozial und ökologisch bessere Welt muß durchgesetzt werden. Wir brauchen nicht nur Ost-West-Kooperation, sondern auch Nord-Süd- und Ost-Ost-Kooperation.

Ein umfassendes System internationaler Sicherheit muß auch eine neue, demokratische Weltwirtschaftsordnung und internationale ökologische Sicherheit einschließen.

Stabiler Frieden – stabile Entwicklung – menschenwürdige Umwelt – das ist die neue Entwicklungslogik der Menschheit, für die wir uns mit ganzer Kraft einsetzen.

Mit unserem »Sicherheitskonzept 2000« treten wir dafür ein, die tödlichen Gefahren durch Krieg, Hochrüstung und Ressourcenvergeudung zu beenden. Freiwerdende materielle, finanzielle, personelle und geistige Potenzen sollten unverzüglich für die Verbesserung der Umwelt, vorrangig in den Ballungszentren der Arbeiterklasse, genutzt werden.

Unsere Partei tritt dafür ein: beide deutsche Staaten *beginnen sofort* mit der Entmilitarisierung.

Wir schlagen vor:

– beide deutschen Staaten reduzieren ihre Streitkräfte bis 1991 um 50 Prozent;

– beiderseits der Grenze wird eine entmilitarisierte Zone geschaffen;

– alle Kern- und Chemiewaffen verschwinden von deutschem Boden;

– Mittel aus der Kürzung der Verteidigungshaushalte beider deutscher Staaten werden einem gemeinsamen Fonds für ökologische Großvorhaben zugeführt;

– Tiefflüge werden auf ein Minimum eingeschränkt und über dichtbesiedelten Gebieten verboten;

– freiwerdende Übungs- und Sperrgebiete werden in Erholungs- oder Naturschutzgebiete umgewandelt;

– noch 1990 sollte die Regierung ein modernes Ökologiekonzept für unsere Streitkräfte vorlegen. Nach Vereinbarung mit der UdSSR könnte es auch für die Westgruppe der sowjetischen Streitkräfte gelten.

Das vereinte Europa muß Wirklichkeit werden, mit einer starken europäischen Linken. Wir streben gutnachbarschaftliche Beziehungen im dichtbesiedelten europäischen Haus mit einer gemeinsamen »ökologischen Hausordnung« an.

Wir sind gegen eine Entwicklung, die auf Kosten der dritten Welt das eigene Haus sauber und wohlhabend gestaltet.

Wir setzen uns dafür ein:

– die internationalen Verpflichtungen zum Schutz der Umwelt und zur Lösung globaler und regionaler Probleme zu erfüllen;

– mit der Vertragsgemeinschaft DDR–BRD die Verschmutzung von Luft und Wasser wesentlich zu reduzieren, die Wälder zu erhalten, die Bodenverseuchung zu stoppen, umweltfreundliche Technologien und die Produktion moderner Umwelttechnik in der DDR zu fördern.

Die DDR darf nicht länger Großablagerungsplatz für Industrie- und Giftmüll der BRD sein;

– die ökologische Zusammenarbeit mit der CSSR und der Republik Polen so auszugestalten, daß sie zu einer spürbaren Verringerung der Umweltbelastung in der Lausitz, im Oberen Elbtal, im Erzgebirge und im Vogtland führt.

Sicherung einer gesunden Umwelt – Grundsatz der neuen Verfassung

Das Recht jedes Bürgers auf Leben in gesunder Umwelt muß in der Verfassung abgesichert werden. Die Umwelt zu bewahren, mitzugestalten, ihre Ressourcen fürsorglich zu nutzen, sollte die Pflicht jedes Bürgers, des Staates und der Wirtschaft sein.

Eine Gesetzesreform sollte einschließen:

– Umweltrecht muß von strengen staatlichen Rahmenbedingungen und der demokratischen Mitwirkung aller Bürger ausgehen;

– Entscheidungen über Strukturentwicklungen, die territoriale Entwicklung, Standortgenehmigungen, die Einführung neuer Technologien und Erzeugnisse müssen durch unabhängige Umweltverträglichkeitsprüfungen begründet werden, die auch internationalen Normen genügen;

– alles, was die Umwelt der Bürger betrifft, bedarf der öffentlichen Beratung und demokratischen Entscheidung durch die Bürger und Volksvertretungen;

– die Rechte der Kommunen auf die Gestaltung der Umweltbedingungen müssen verfassungsmäßig festgeschrieben und ökonomisch abgesichert werden.

Umweltfreundliche Produktion

Wirtschaftsreform und Strukturveränderungen, Entwicklung der Territorien, Erneuerung von Technologien, Technik und Erzeugnissen müssen eine drastische Senkung des Verbrauchs von Energie, Rohstoffen und Wasser sowie die Verringerung der Umweltbelastung mit sich bringen.

Wir sind für eine ökologisch begründete Energiekonzeption, die

– die Vorteile der internationalen Arbeitsteilung nutzt,

– die regenerativen Energiequellen einbezieht,

– energieintensive Bereiche der Industrie reduziert,

– den Energieverbrauch in allen Bereichen der Gesellschaft durch Sparsamkeit und Anwendung neuer Technologien radikal senkt,

– die Energieträgerstruktur verändert. Der Einsatz von Braunkohle muß wesentlich reduziert werden.

Nur so kann auch das Land der Sorben erhalten werden.

Wir fordern den öffentlichen Streit über den Einsatz von Kernenergie.

Wir sind für eine umweltverträgliche Struktur der Wirtschaft,

– die Rohstoffe rationell nutzt und ein ressourcensparendes Wirtschaftswachstum ermöglicht,

– die materialintensive und stark umweltbelastende Produktionen reduziert,

– die stark gesundheitsgefährdende Produktionsanlagen, wie Schwelereien, Viskosefaserherstellung, Karbiderzeugung, Aluminiumproduktion, schrittweise stillegt oder technologisch grundlegend erneuert,

– die intelligenzintensive und weltmarktfähige Produktionslinien fördert.

Hier sind neue Arbeitsplätze zu schaffen!

Jeder bei uns muß einen gesicherten Arbeitsplatz haben!

Wir sind für eine energie- und chemiesparende Agrarproduktion,

– die biologische Kreisläufe intensiver nutzt,

– die den Boden weitaus besser als bisher erhält. Bodenentzug muß für die Verursacher sehr teuer werden;

– die Acker- und Pflanzenbau standortgerecht betreibt,

– die rationeller und sicherer mit Dünger sowie Agrochemikalien umgeht und keine weitere Belastung von Boden, Wasser und Luft zuläßt;

– die Nutztiere umweltschonend und artengerechter hält und schrittweise die Massenhaltung in übergroßen Tieranlagen einschränkt,

– die die Natur durch Feldgehölze und Feldraine, durch Sölle, Teiche und andere Flurelemente schön und produktiv erhält.

Bauern und Forstleute schaffen das nicht allein. Sie brauchen bessere Dünger, Pflanzenschutzmittel und -methoden, umweltschonende Landmaschinen. Sie brauchen die Hilfe der Arbeiter und Wissenschaftler.

Unsere Wälder sollen wachsen. Dem Waldsterben muß Einhalt geboten werden, indem wir das Übel bei der Wurzel packen. Wir setzen uns deshalb für eine radikale Senkung des SO_2- und NO_x-Ausstoßes in Industrie, Verkehr und Wohnsphäre ein.

Unabhängige Umweltkontrolle

Wir sind für eine vereinheitlichte staatliche Umweltkontrolle, die ökonomisch, materiell-technisch und administrativ von der Wirtschaft unabhängig und nur den gewählten Volksvertretungen rechenschaftspflichtig ist.

Öffentliche Berichte müssen den Zustand der Umwelt umfassend darstellen und die Auswirkungen auf den Menschen, die Natur und die Wirtschaft ungeschminkt werten. Wir sind für die personelle Stärkung der Umweltkontrollorgane. Arbeitskräfte, die aus Leitung und Verwaltung sowie bei der Auflösung des ehemaligen Amtes für Nationale Sicherheit freigesetzt werden, sollten dazu schnell umgeschult werden.

Ökologische Raumordnung

Natur und Landschaft müssen als unveräußerlicher Nationalreichtum behandelt und vielfältig gestaltet werden. Dazu brauchen wir dringlichst eine ökologische Raumordnung. Standorte für alle Nutzungsansprüche müssen die ökologische Belastbarkeit des Territoriums berücksichtigen. Es sind schnellstens Territorialkonzeptionen zu entwickeln, die Naturflächen vor weiterer Verbauung schützen.

Wir treten für eine lebenswerte Wohnumwelt ein. Sanierung von Altstädten geht vor komplexen Neubau. Statt Beton fordern wir mehr Wohngrün, freundliche Fassaden und Dachbegrünung. Bestehende Grünanlagen und Parks sollten besser gepflegt und ökologisch vielfältiger gestaltet werden. Es sind mehr verkehrsberuhigte Zonen zu schaffen.

Erhaltung wertvoller Bauwerke, autoarme Innenstädte, attraktive öffentliche Verkehrsmittel, Radwege und ausgedehnte Fußgängerzonen mit Freizeit- und Sportmöglichkeiten – das sind für uns Wesensmerkmale einer ökologisch orientierten Lebensweise.

Wir wollen den Naturschutz stark ausbauen. Wir sind für erweiterte Schutzgebiete, für attraktive Nationalparks, auch grenzüberschreitende, für einen Lebensraumverbund, der die Vielfalt der heimischen Pflanzen- und Tierwelt sowie artenreiche Ökosysteme sicher erhält.

Ein »Rotbuch« gefährdeter Pflanzen- und Tierarten muß kurzfristig veröffentlicht werden.

Die Jagd soll ausschließlich dem Volke gehören und nie wieder in Privathand gelangen!

Ökologische Forschung

Wir sind dafür, die ökologische Grundlagenforschung an der Akademie der Wissenschaften und den Hochschulen auszubauen und unabhängige Institute zu gründen ...

Umweltkriminalität darf nicht straffrei bleiben. Wir wollen durch rechtliche und ökonomische Regelungen umweltgerechte Produktions- und Verhaltensweisen fördern. Umweltkriminalität und Ressourcenverschwendung müssen bestraft werden.

Ökologische Sicherheit ist Teil sozialer Sicherheit

Wir setzen uns dafür ein, daß vorrangig in industriellen Ballungsgebieten die Umweltbedingungen verbessert werden.

Dazu schlagen wir öffentlich kontrollierte Stufenprogramme vor. Strukturveränderungen oder Stillegung von Betrieben müssen mit den Betroffenen, in den Kommunen, unter Mitwirkung von Gewerkschaften und Berufsverbänden rechtzeitig beraten und sozial abgesichert werden. *Umwelt – das ist und bleibt für uns die Welt des Menschen.* In ihr und durch sie entfaltet er in tätiger Gemeinschaft seine Individualität. Hohe Intensität der Arbeit erfordert Erholung in der Natur. Erhaltung des Erholwertes der Natur – das ist für uns auch Ausdruck sozialer Geborgenheit.

Umwelt braucht sachkompetentes demokratisches Handeln
Bewußtes Handeln der Bürger für die menschenwürdige Gestaltung der Umwelt setzt breite Information über ökologische und gesellschaftliche Zusammenhänge voraus. Es setzt auch ein umweltmoralisches Verhalten voraus, das durch Kunst und kulturvolle Lebensweise gefördert werden sollte.

Unsere Partei setzt sich dafür ein, Bildungsreform und neues Mediengesetz auch auf ein höheres Umweltbewußtsein zu richten. Wir schlagen vor, öffentliche Umweltbibliotheken zu schaffen, einen Umweltverlag zu gründen und ökologische Fach- und Laienzeitschriften herauszugeben. Wir rufen die Mitglieder unserer Partei auf, sich mit Ideen und Taten in die ökologische Bewegung einzureihen, an der demokratischen Vorbereitung von Entscheidungen und an gemeinsamen Aktionen zum Schutz und zur Gestaltung der Umwelt in Betrieben, Genossenschaften und am Wohnort zu beteiligen.

Wir alle haben nur eine Umwelt und damit die gleiche Pflicht, sie zu bewahren. Kommen wir zu gemeinsamen Aktionen! Aufgaben gibt es genug!

Quelle: PDS. Parteivorstand, Kommission Politische Bildung, Diskussionsangebot.

Frauenaktionsprogramm der PDS

Frauen unseres Landes stehen heute an einem Wendepunkt. Gerade haben sie begonnen, ihre Interessen zu erkennen und aktiv zu vertreten, sich der Stagnation und Rückschritte im Prozeß ihrer Gleichstellung im Sozialismus stalinistischer Prägung bewußt zu werden und sich für echte Chancengleichheit beider Geschlechter stark zu machen. Gerade haben sie begonnen, alte Fesseln abzustreifen, da drohen neue Gefahren.

Es mehren sich Anzeichen dafür, daß mehr Frauen als Männer zu den Verlierern der gegenwärtigen gesellschaftlichen Veränderungen gehören. Sichergeglaubtes geht verloren. Von der sich ausweitenden Arbeitslosigkeit sind Frauen stärker als Männer betroffen. Erste Kinderkrippen und -gärten werden geschlossen. Das System der Dienstleistungen wird zusehends schlechter. Der Abbau von Subventionen begann ausgerechnet bei Kinderbekleidung. Angriffe auf das Recht der Frauen auf Schwangerschaftsabbruch sorgen nachhaltig für Beunruhigung. Pornographie und Sexismus werden hoffähig gemacht.

Angetreten waren wir, den Patriarchensozialismus und seine von oben verordnete Frauenpolitik zu überwinden. Nun sehen wir uns unversehens konfrontiert mit einem Patriarchat, in dem das große Kapital das Sagen hat.

Kein Zweifel: Wenn wir Frauen nicht beginnen, um unsere Interessen, um bereits Erreichtes und um weitergehende Ziele hier und heute zu kämpfen, dann haben wir schon verloren.

Fraueninteressen – gibt es sie?

Obwohl Frauen in der Realität schon zu den am meisten Betroffenen der gesellschaftlichen Veränderungen gehören, sind sich noch immer viele ihrer ureigensten Interessen nicht bewußt.

Eine häufige Frage ist: Gibt es denn besondere Fraueninteressen? Die Antwort lautet: Ja.

Besondere Interessen von Frauen gegenüber den Männern resultieren daraus, daß Frauen bis heute im Vergleich zu Männern gesellschaftlich benachteiligt sind. Die historisch überkommende und längst überlebte gesellschaftliche Arbeitsteilung zwischen den Geschlechtern ist – trotz in der Vergangenheit immer wieder verkündeter »realer Gleichberechtigung« – keineswegs überwunden. Nach wie vor wird ihnen die Hauptverantwortung für Haushalt, Kindererziehung und Familienglück zugeschrieben, obliegt es den Frauen, Beruf und Familie zu vereinbaren. Die Kehrseite ist: Frauen gelten in Beruf, in Politik und im gesellschaftlichen Leben als weniger belastbar und weniger entwicklungsfähig. In Zeiten drohender Massenarbeitslosigkeit fliegen sie als erste auf die Straße.

Fraueninteressen sind vielfältig und differenziert. Das Interesse der Arbeiterin in sogenannten frauentypischen Berufen, die bei geringem Einkommen häufig schwere körperliche Arbeit leistet, unterscheidet sich von dem der Wissenschaftlerin, die meist von Spitzenpositionen ausgeschlossen bleibt, das der Bäuerin, die durch Beruf, individuelle Hauswirtschaft und Familie dreifache Last trägt, von dem der Lehrerin. Gemeinsam aber haben Arbeiterin und Wissenschaftlerin, Bäuerin und Lehrerin:

– das Interesse an einem eigenen Arbeitseinkommen, das ihnen eine selbständige, vom Mann unabhängige ökonomische Existenz sichert;

– das Interesse an funktionierenden Dienstleistungen, an ausreichenden Kindereinrichtungen in guter Qualität;

– das Interesse an solchen sozialpolitischen Maßnahmen, die nicht nur ihnen, sondern auch dem Mann die Vereinbarkeit von beruflicher Entwicklung und Familienleben ermöglichen;

– das Interesse an einer gerechten Verteilung von Last und Lust zwischen Männern und Frauen in Haushalt und Familie.

Schließlich wächst das Interesse von Frauen, in Beruf, Politik und im gesamten gesellschaftlichen Leben nicht schlechthin gleichberechtigt, sondern wirklich gleichgestellt zu sein.

Davon zeugt der Aufbruch der Frauen in der neuen Frauenbewegung unseres Landes.

Für die Bewahrung des Rechts auf Arbeit und echte Chancengleichheit im Beruf

Die ökonomische Unabhängigkeit der Frau vom Mann auf der Grundlage eines eigenen Arbeitseinkommens ist und bleibt die entscheidende Voraussetzung für alle weiteren Schritte zur realen Gleichstellung der Geschlechter. Deshalb treten wir dafür ein, auch unter künftigen marktwirtschaftlichen Bedingungen das **Recht auf Arbeit** für Frauen und Männer zu gewährleisten. Echte Chancengleichheit im Beruf wie in der gesamten Gesellschaft erfordert die **Überwindung der realen Ungleichstellung der Frauen.**

Obwohl mehr als 90 Prozent von ihnen berufstätig sind und damit nahezu die Hälfte des gesamten gesellschaftlichen Arbeitsvermögens ausmachen, obwohl sie in Bildung und Qualifikation den Männern nicht nachstehen, arbeiten drei Viertel aller berufstätigen Frauen in schlechter bezahlten, sogenannten frauenspezifischen Tätigkeiten im Handel, im Dienstleistungs- und Gesundheitswesen, in Industrie und Landwirtschaft. Wir treten dafür ein, die Arbeit dieser Frauen gesellschaftlich neu zu bewerten und sie nach dem Prinzip der Gleichheit gerecht zu entlohnen. Nur so kann angesichts der bevorstehenden Veränderungen im Preisgefüge und bei Mieten die ökonomische Selbständigkeit und Unabhängigkeit der Frauen erhalten werden. Trotz angeglichener Bildung und Qualifikation sind Frauen in attraktiven, zukunftsweisenden Berufen und in Leitungsfunktionen weithin unterrepräsentiert. Prägendes Kennzeichen unserer Männergesellschaft ist: Je höher die Funktion, um so weniger Frauen. Deshalb treten wir speziell in diesen Bereichen für wirkliche Chancengleichheit von Frauen und Männern ein. Das erfordert den quotierten Zugang zu entsprechenden Ausbildungs- und Arbeitsplätzen, ebenso wie zu Leitungsfunktionen.

Bevorstehende Strukturveränderungen in der Wirtschaft

bringen für Frauen aufgrund ihrer gesellschaftlichen Ungleichstellung ernstzunehmende Gefahren mit sich. Zu erwarten ist, daß sie von der drohenden Massenarbeitslosigkeit überproportional betroffen sein werden. Deshalb fordern wir nachdrücklich, die in der Verfassung garantierten Rechte für Frauen, insbesondere ihr Recht auf Arbeit, auch künftig zu sichern und die sie betreffenden Bestimmungen des gegenwärtigen Arbeitsgesetzbuches in dem neu zu erarbeitenden fortzuschreiben. Sozialer Abstieg von Frauen infolge wirtschaftlicher Umstrukturierung ist durch volle finanzielle Sicherung bei Arbeitslosigkeit sowie staatlich bzw. betrieblich finanzierte Umschulungsprogramme und -maßnahmen zu verhindern.

Besonderer Fürsorge und besonderen Schutzes – Kündigungsschutz eingeschlossen – bedürfen Schwangere, Alleinerziehende, Mütter mit behinderten Kindern und berufstätige Frauen im Vorrentenalter. Während des Babyjahres muß der Anspruch auf den Arbeitsplatz erhalten bleiben.

Für die gleiche Verteilung von Rechten und Pflichten, für eine progressive Sozialpolitik

Die gesellschaftliche Benachteiligung von Frauen im Beruf resultiert in hohem Maße aus der überkommenen gesellschaftlichen Arbeitsteilung zwischen Männern und Frauen und dem traditionellen Rollenverständnis. Frauen wird durch die Gesellschaft nach wie vor die Hauptverantwortung und -last für Kindererziehung, Hausarbeit, Familie und Partnerschaft zugeschrieben. Eine wirkliche Gleichstellung der Geschlechter erfordert, daß familiäre und häusliche Pflichten zwischen Frauen und Männern gerecht verteilt werden, daß nicht nur Frauen ihr Recht auf Mutterschaft, sondern auch Männer ihr Recht auf Vaterschaft verwirklichen können.

Deshalb treten wir dafür ein, daß bisher nur für berufstätige Mütter geltende sozialpolitische Leistungen wie Babyjahr, verkürzte Arbeitszeit bei zwei und mehr Kindern unter 16 Jahren, Haushaltstag, Freistellung zur Pflege erkrankter Kinder auch auf Väter übertragen werden können.

Wir fordern die Sicherung der gesellschaftlichen Kinderbetreuung in Krippen, Kindergärten und Schulhorten zu tragbaren Preisen für Familien und Alleinerziehende. Schulspeisung und Trinkmilchversorgung dürfen nicht Opfer des Rotstifts werden.

Künftig zu garantieren ist Wohnen zu erschwinglichen Preisen und Mieterschutz.

Wir setzen uns dafür ein, daß Frauen, die die Last des Neubeginns nach dem Kriege trugen, einen würdigen und ruhigen Lebensabend verbringen können, und fordern die Sicherung ihrer Renten sowie deren Angleichung an wachsende Lebenshaltungskosten, besonderen Schutz hinsichtlich ihres Rechts auf Wohnen und kostenlose medizinische Versorgung.

Wir setzen uns ein für besondere Sicherung von Alleinerziehenden.

Für die politische Gleichstellung von Männern und Frauen

Auch und besonders für den politischen Bereich gilt, daß der Frauenanteil zu den oberen Entscheidungsebenen hin drastisch abnimmt. Daraus erwächst ein ernstes Defizit an gleichberechtigter demokratischer Mitsprache und Mitgestaltung der einen Hälfte der Bevölkerung. Alle bisherigen Emanzipationsversuche innerhalb der traditionellen gesellschaftlichen und arbeitsteiligen Strukturen konnten politische Gleichstellung nicht wirklich voranbringen. Im Gegenteil: Gerade in den beiden letzten Jahrzehnten wurde sie durch eine Vielzahl verfehlter frauenpolitischer Maßnahmen weiter behindert.

Deshalb bedarf es jetzt grundlegender Schritte auf dem Weg zur politischen Gleichstellung, darin eingeschlossen grundlegende strukturelle Veränderungen in der gesellschaftlichen Arbeitsteilung zwischen Mann und Frau. Als notwendiges und zeitgemäßes Mittel dafür betrachten wir die Quotierung in allen politischen Funktionen und Mandaten.

1. Quotierung soll Druck schaffen, damit Fraueninteressen in Politik und Gesellschaft endlich anerkannt und durchgesetzt werden.

2. Quotierung soll als **ein** Mittel dazu beitragen, ein gesell-

schaftliches Klima zu schaffen, das reale und umfassende demokratische Mitentscheidung von Frauen auch im Bereich der Politik ermöglicht.

3. Quotierung soll – gekoppelt mit anderen Maßnahmen, wie einem funktionierenden Dienstleistungssystem, mehr freie Zeit für Männer und Frauen u. a. – Unterrepräsentation und Diskriminierung von Frauen dadurch beseitigen, daß ihren Lebensvorstellungen gleiche Möglichkeiten und gleiche Bedingungen gegeben werden. Quotierung bietet damit auch die Chance, zu einer neuen Form von Politik zu gelangen, die aktiv und gleichberechtigt von Frauen und Männern gestaltet wird.

Die Glaubwürdigkeit dieser Grundsätze einer neuen Frauenpolitik der PDS wird daran gemessen, wie sie in ihren eigenen Reihen Genossinnen und Genossen gleichstellt. Deshalb sind wir für

– eine Quotenregelung in gesellschaftlich bedeutenden Bereichen, wobei für unsere Partei eine 50-Prozent-Quote in allen Leitungsfunktionen und Mandaten angestrebt wird;

– eine feste Verankerung von Fraueninteressen in Programm und Statut der Partei.

Für die Selbstbestimmung der Frau über ihren Körper
Gegen Gewalt und Sexismus

Zum Selbstbestimmungsrecht der Frau gehört, daß sie entscheiden kann, ob und wann sie ein Kind austragen will. Die PDS setzt sich dafür ein, daß dieses Recht erhalten bleibt und vor Angriffen von rechts geschützt wird. Sie setzt sich zugleich dafür ein, daß auch künftig Schwangerschaftsabbruch und Pille für Frauen kostenlos sind und die medizinische Versorgung staatlich finanziert bleibt.

Die Achtung der Persönlichkeit der Frau schließt den Kampf gegen jede Form von Gewalt gegen Frauen und Kinder, gegen Sexismus und gegen die Vermarktung des weiblichen Körpers ein. Die wichtigste Voraussetzung, diesen Entwürdigungen zu begegnen, ist die Durchsetzung des Rechts auf Arbeit und die Sicherung der materiellen Unabhängigkeit der Frauen.

Zugleich sind Möglichkeiten zu schaffen, die von Gewalt bedrohten Frauen und Kindern Schutz und Unterstützung bieten (z. B. Frauenhäuser).

Für eine breite Öffentlichkeit

Eine neue Frauenpolitik durchzusetzen, erfordert eine breite Öffentlichkeit für die Gleichstellungsproblematik:

Öffentlichkeit im Sinne von Information und Sensibilisierung, basierend auf wissenschaftlichen Daten zur Geschlechterproblematik, Öffnung der Medien und des gesamten Bildungsbereiches für die Frauenfrage. Zum anderen verlangt die Öffentlichkeit im Sinne von Politikfähigkeit:

– eine starke unabhängige Frauenbewegung und die Realisierung konkreter Projekte (Frauenzentren, -klubs, -häuser, -zeitungen usw.);

– die Schaffung staatlicher Instrumente, wie eines Staatssekretariats für Frauenfragen, mit entsprechenden Kompetenzen und analogen Einrichtungen (Gleichstellungsstellen);

– die Erarbeitung eines Gleichstellungsgesetzes, Quotenregelungen in attraktiven und zukunftsweisenden Berufen sowie in Leitungs- und Entscheidungsfunktionen auf allen Ebenen, verbunden mit speziellen Frauenförderungsprogrammen;

– die Stärkung gesellschaftlicher und betrieblicher Interessenvertretung für Frauen durch Frauen;

– eine Vielzahl von Selbsthilfegruppen und Basisinitiativen, die unmittelbar im Territorium wirken.

Die PDS setzt sich für die Schaffung einer solchen breiten Öffentlichkeit für Gleichstellung der Geschlechter ein, unterstützt die Förderung des Unabhängigen Frauenverbandes und arbeitet solidarisch mit allen politischen Kräften und Bewegungen zusammen, die sich für die Durchsetzung von Fraueninteressen in der Gesellschaft und für eine demokratische, sozial verpflichtete linke Politik einsetzen.

Quelle: Wahlparteitag der PDS, 24./25. Februar 1990, Dietz Verlag, Berlin 1990

Diskussionsmaterial des Arbeitskreises Strategie und Analyse der Kommission Internationaler Politik

(Auszug)

Deutsche Einheit und europäische Sicherheit

Für die Gestaltung eines friedlichen, demokratischen, kooperativen und solidarischen Europas braucht es eine starke europäische Linke. Die PDS betrachtet sich als Bestandteil dieser Linken. Sie sieht eine ihrer wichtigsten Aufgaben darin, die deutsche Einheit aktiv mitzugestalten und dazu beizutragen, daß sie Europa und seiner Sicherheit dient. Mit diesem Ziel unterbreiten wir folgende Vorstellungen und Vorschläge:

I.

Die Lage in Europa ist heute durch grundlegende Veränderungen gekennzeichnet. Dazu gehören:

– die Umgestaltung in der UdSSR sowie die Demokratisierungs- und Reformprozesse in den Ländern Ost-und Mitteleuropas,

– die zunehmende Auflösung des Ost-West-Konflikts in seiner der Nachkriegsentwicklung geschuldeten Form,

– der Prozeß der deutschen Einheit, der wegen des Scheiterns des »realen Sozialismus« zu einem vereinten Deutschland auf kapitalistischer Grundlage führen wird,

– wichtige Ergebnisse in der sicherheitspolitischen Kooperation zwischen Ost und West, im KSZE-Prozeß, auf dem Gebiet der Abrüstung,

– die Fortschritte in der westeuropäischen Integration, die neue Perspektiven für die gesamteuropäische Integration eröffnen,

– die wachsende Verantwortung Europas für die Lösung der globalen Probleme, insbesondere für die Überwindung des Nord-Süd-Konflikts.

Die PDS sieht in diesen Veränderungen die Möglichkeit, die aus der Nachkriegsordnung ererbte Spaltung Europas zu überwinden. Als europäische Partei setzen wir uns ein für

– ein vereinigtes Europa der Demokratie, der Menschenrechte und des sozialen Fortschritts,

– drastische Abrüstungsmaßnahmen auf unserem Kontinent,

– die schrittweise Überwindung der Militärblöcke und die Schaffung gesamteuropäischer kooperativer Sicherheitsstrukturen unter Mitwirkung aller KSZE-Staaten,

– gesamteuropäische wirtschaftliche, ökologische und soziale Integration,

– ein Europa, das maßgeblich zur Lösung der globalen Probleme, insbesondere des Nord-Süd-Konflikts und der ökologischen Krise, beiträgt...

II.

Der Prozeß der deutschen Einheit hat sowohl nationale als auch internationale Dimension. Angesichts der historischen Erfahrung zweier Weltkriege, die von Deutschland ausgingen, haben wir die Pflicht, Lehren aus der Geschichte zu ziehen. Großmachtstreben, nationale Überheblichkeit, Rassen- und Völkerhaß dürfen nie wieder deutsche Politik bestimmen. Das erwarten zu Recht alle europäischen Völker von den Deutschen. Dieser Erwartung müssen wir – ob in Ost oder West – im Prozeß der deutschen Einheit gerecht werden. Deshalb tritt die PDS gemeinsam mit allen demokratischen und mit allen linken Kräften in der DDR und der BRD dafür ein, daß das künftige Deutschland

– im Innern ein Höchstmaß an Demokratie, Menschenrechten und sozialer Gerechtigkeit verwirklicht, weil es nur so auch äußere Friedensfähigkeit erwerben kann,

– die Grenzen seiner Nachbarn, vor allem die polnische

Westgrenze, als endgültig und unantastbar völkerrechtlich anerkennt und auf jegliche Gebietsansprüche verzichtet,

– gerade weil es stark sein wird, eine Vorreiterrolle auf dem Gebiet der Abrüstung und bei der Schaffung gesamteuropäischer kooperativer Sicherheitsstrukturen spielt,

– alles dafür tut, daß ein Wiederaufleben von Faschismus, Rassen- und Völkerhaß verhindert wird,

– unter Nutzung seiner vielfältigen Kontakte und Verbindungen zu den Völkern Ost- und Westeuropas in der Mitte unseres Kontinents eine Brückenschlagfunktion für die Gestaltung einer europäischen Friedensordnung übernimmt,

– sein enormes ökonomisches Potential nicht gegen, sondern für die Völker der Dritten Welt und die Überwindung ihrer sozialökonomischen Unterentwicklung einsetzt...

Es ist nicht unser Ziel, den Prozeß der deutschen Einheit zu bremsen oder gar aufzuhalten. Die Forcierung der staatlichen Einheit, wie sie jedoch gegenwärtig von der BRD-Regierung betrieben wird, läuft Gefahr, den in Europa bestehenden Instabilitäten neue hinzuzufügen. Dagegen wenden wir uns ganz entschieden. Die PDS will mehr Stabilität und mehr Sicherheit in Europa – auch und nicht zuletzt im Interesse der Deutschen. Versuche, die deutsche Einheit gegen die Interessen anderer zu erzwingen, können nur Gegenreaktionen zum Nachteil der Deutschen hervorrufen. Eine Neuauflage des Versailler Vertrages bzw. gravierende Einschränkungen der Souveränität eines künftigen Deutschlands wären jedoch erneut eine Quelle für gefährliche Spannungen auf unserem Kontinent.

Für ebenso gefährlich halten wir Bestrebungen seitens der NATO, die komplizierte Frage des militär-politischen Status eines vereinten Deutschlands nach den Kategorien des alten Block- und Konfrontationsdenkens auf der Grundlage einseitiger Sicherheit zu lösen...

III.

Klare Vereinbarungen über die äußeren Aspekte der deutschen Einheit in den 2 + 4-Verhandlungen halten wir für erforderlich, bevor die staatliche Vereinigung von DDR und BRD durch gesamtdeutsche Wahlen bzw. einen Volksentscheid über eine neue gesamtdeutsche Verfassung vollzogen wird. Dabei berücksichtigen wir, daß es kein sicherheitspolitisches Vakuum geben darf, das durch ungeregelte Fragen entstehen könnte...

DDR und BRD sollten daher in den Verhandlungen ihre Zustimmung geben, daß ein vereintes Deutschland als souveräner Staat von sich aus eine Reihe grundlegender sicherheitspolitischer Verpflichtungen übernimmt, die folgende Hauptpunkte enthalten:

– die völkerrechtliche Anerkennung der Westgrenze Polens als endgültig und unantastbar in einem Vertrag, wie er vom polnischen Premierminister Mazowiecki vorgeschlagen wurde,

– den Verzicht auf jegliche Gebietsansprüche (wobei nach Herstellung der Einheit keine deutsche Verfassung den Artikel 23 des Grundgesetzes der BRD enthalten darf),

– die Verpflichtung, alles zu tun, um ein Aufleben von Faschismus, Rassen- und Völkerhaß nie wieder zuzulassen,

– den Verzicht auf die Produktion, den Besitz und die Stationierung von ABC-Waffen auf deutschem Boden,

– eine Bekräftigung der Einhaltung des Vertrages über die Nichtweiterverbreitung von Kernwaffen,

– die drastische Reduzierung aller deutschen Streitkräfte und Rüstungen bis hin zur strukturellen Nichtangriffsfähigkeit (auf der Grundlage materiell abgesicherter Konversionspläne),

– den Stopp jeglicher Modernisierung und Neueinführung von Waffensystemen, die nicht rein defensiv verwendbar sind,

– die radikale Verringerung der Rüstungsausgaben,

– die vollständige Entmilitarisierung Berlins als Hauptstadt eines vereinten Deutschlands...

IV.

Für neue kooperative Sicherheitsstrukturen ist jedoch der Beitrag von NATO und Warschauer Vertrag unverzichtbar. In diesem Prozeß können und müssen sie sich zu politischen Bündnissen wandeln und schließlich selbst überwinden. Eine wichtige Rolle sollten dabei beide deutsche Staaten schon heute und erst recht das vereinte Deutschland morgen spielen. Dies ist jedoch nur dann möglich, wenn die Frage der Paktzugehörigkeit Deutschlands nicht einseitig, nicht gegen die Interessen einer Seite, nicht gegen eines der Bündnisse entschieden wird.

Solange gesamteuropäische Sicherheitsstrukturen nicht existieren, sind Übergangslösungen erforderlich, um jegliches sicherheitspolitische Vakuum auszuschließen...

Die PDS geht davon aus, daß eine Übergangslösung auf dem Prinzip der wechselseitigen, kooperativen Sicherheit beruhen und in folgenden Richtungen gesucht werden muß:

1. Beide deutsche Staaten sollten die politische Mitwirkung in ihren Bündnissen mit dem Ziel verstärken, konstruktiv zur Schaffung blockübergreifender Mechanismen beizutragen. DDR und BRD sollten darauf hinwirken, daß Warschauer Vertrag und NATO einen Politischen Rat zur Konsultation über Sicherheitsfragen vereinbaren, der perspektivisch in auf KSZE-Ebene zu schaffende Institutionen eingehen könnte. Weiterhin schlagen wir vor, daß die DDR und die BRD bzw. das vereinte Deutschland mit der UdSSR, Polen u. a. Ländern (auf deren Wunsch) bilaterale Sicherheitsräte bilden, in denen alle Fragen von sicherheitspolitischer Relevanz konsultiert und geklärt werden können (in ähnlicher Form existiert bereits ein gemeinsamer Sicherheits- und Verteidigungsrat BRD-Frankreich).

2. Beide deutsche Staaten sollten alles dafür tun, daß ein vereintes Deutschland freiwillig die o. g. Sicherheitsverpflichtungen übernimmt und realisiert. Parallel dazu sollten die militärischen Bündnisverpflichtungen schrittweise und in vertraglich vereinbarter Form abgebaut werden. In Übereinstimmung mit den Abkommen, die im Ergebnis der Wiener Verhandlungen (Wien I und II) abgeschlossen werden, sollte die stufenweise Reduzierung aller ausländischen Streitkräfte auf deutschem Boden erfolgen. Ihr vollständiger Abzug könnte bis zum Jahr 2000 beendet sein.

3. Gleichzeitig sind wir dafür, daß beide deutsche Staaten die Reformierung ihrer jeweiligen Bündnisse fördern.

– Im Warschauer Vertrag wurden in den letzten Jahren erste wichtige Reformmaßnahmen eingeleitet (Neufassung der Militärdoktrin, einseitige Abrüstungsmaßnahmen etc.). Die Wirksamkeit politischer Mechanismen entspricht jedoch nicht den Erfordernissen und wird durch die eingetretenen Auflösungsprozesse in den letzten Monaten in Frage gestellt. Gerade deshalb sollte die DDR konstruktiv zum Wandel des Warschauer Vertrages in ein vorrangig politisches Bündnis beitragen.

– Die NATO hat einen Nachholbedarf an Reformen, da sie trotz bestimmter Mechanismen die vom Konfrontationsdenken geprägten Doktrinen der Abschreckung, der »flexiblen Antwort«, der Vorneverteidigung und des nuklearen Erstschlages unverändert beibehält. Selbst die aus den Zeiten des kalten Krieges stammende Bezeichnung NATO entspricht nicht mehr den Realitäten. Erste Ansätze zu einem Denken in Kategorien der kooperativen Sicherheit müssen, wenn sie glaubhaft sein sollen, zu tiefgreifenden Reformen der NATO führen, die von der BRD mit bewirkt werden müssen.

Da sich die Lage bisher nicht grundlegend reformiert, ist die PDS gegen die NATO-Mitgliedschaft eines vereinten Deutschlands, weil sie

– den Weg zu kooperativen Sicherheitsstrukturen für ganz Europa unnötig verlängern und erheblich belasten würde,

– das sicherheitspolitische Kräfteverhältnis in Europa militärisch und insbesondere politisch-psychologisch zuungunsten der UdSSR verschieben und die Perestroika Gorbatschows in ihrer kompliziertesten Phase enorm gefährden würde,

– Gefahr liefe, eine dominierende Stellung der NATO in Europa zu begründen, die negative Folgen für die internationale Sicherheit auch in außereuropäischen Regionen hätte,

– unter diesen Bedingungen selbst für eine Übergangszeit nicht akzeptabel ist.

Die Auflösungserscheinungen im Warschauer Vertrag betrachten wir nicht als zwingenden Grund für, sondern eher gegen eine NATO-Mitgliedschaft. Wir verweisen schließlich darauf, daß die Existenzberechtigung der NATO in ihrer derzeitigen Form durch den Wegfall der Bedrohung aus dem Osten ebenfalls in Frage gestellt ist...

V.

Die Vereinigung Europas muß auf den verschiedensten Ebenen erfolgen. Als eine wichtige Ebene betrachten wir in dieser Hinsicht den KSZE-Prozeß.

Die DDR und die BRD sollten sich nach unserer Ansicht dafür einsetzen, den KSZE-Prozeß für die Schaffung gesamteuropäischer kooperativer Sicherheitsstrukturen zu nutzen. Dabei sehen wir folgende Schwerpunkte:

1. Wir befürworten einen umfassenden europäischen Sicherheitsvertrag. Angesichts der auf unserem Kontinent und weltweit vor sich gehenden Veränderungen braucht Europa einen solchen Vertrag, der auf den bisherigen Ergebnissen des KSZE-Prozesses aufbaut und sie qualitativ weiterentwickelt.

2. Wir unterstützen die Einberufung des für Ende 1990 vorgesehenen KSZE-Gipfeltreffens, das folgende Aufgaben lösen sollte:

– die Weichen für die Ausarbeitung eines europäischen Sicherheitsvertrages bis 1992 stellen,

– erste Schritte zur Institutionalisierung des KSZE-Prozesses einleiten, darunter

- Die Durchführung regelmäßiger Treffen der Regierungschefs sowie der Außen- und Verteidigungsminister,
- die Bildung eines KSZE-Sekretariats und
- eines Organs zur Streitbeilegung,

– die Bestätigung der Ergebnisse der Wiener Verhandlungen über die Reduzierung der Streitkräfte und Rüstungen sowie über vertrauens- und sicherheitsbildende Maßnahmen in Europa,

– die Erteilung eines Mandats für die Weiterführung dieser Verhandlungen (Wien II),

– die Entgegennahme einer Information über die Ergebnisse der 2 + 4-Verhandlungen.

3. Kern der europäischen Sicherheit bleibt die Abrüstung. Fortschritte müssen in folgenden Richtungen erzielt werden:

– eine 50%ige Reduzierung der konventionellen Streitkräfte und Rüstungen in Europa, bis hin zu einer klar definierten Nichtangriffsfähigkeit,

– eine dritte Null-Lösung für die nuklearen Kurzstreckenwaffen der UdSSR und der USA durch Ausdehnung des INF-Vertrages sowie schrittweise Beseitigung der nuklearen Artilleriesprengköpfe,

– Realisierung der Vereinbarung zwischen UdSSR und USA zum Abbau ihrer Streitkräfte in Mitteleuropa,

– Verzicht auf chemische Waffen jeglicher Art auf deutschem Boden,

– Einführung qualitativ neuer vertrauens- und sicherheitsbildender Maßnahmen,

– Einrichtung einer europäischen Agentur für Verifikation und Rüstungskonversion.

4. Wachsende Bedeutung für die europäische Sicherheit erlangen Kooperation und Integration in den Bereichen, die keine militärische Bedeutung haben, aber durch wachsende Gegensätze zu einer neuen Teilung Europas führen können. Der KSZE-Prozeß muß daher mit dazu beitragen, die gesamteuropäische Integration auf den Gebieten Wirtschaft, Soziales, Technologie, Ökologie, Rechtsordnung, Kultur u. a. fördern...

VI.

Die hier dargelegten Vorstellungen zum Zusammenhang von deutscher Einheit und europäischer Sicherheit, bestimmen unser Herangehen an die gegenwärtige Sicherheits- und Militärpolitik der DDR.

Die PDS berücksichtigt, daß die DDR bereits eine Reihe einseitiger Vorleistungen erbracht hat und auf dem Gebiet der Abrüstung – wie von Ministerpräsident de Maizière in der Regierungserklärung deklariert – eine Vorreiterrolle spielen will.

Wir schlagen daher vor, daß die Regierung der DDR mit der BRD kurzfristig ein gemeinsames Programm abrüstungspolitischer Maßnahmen vereinbart, das als bilaterale Initiative in das bei den Wiener Verhandlungen abzuschließende Abkommen eingeht. Dieses Programm sollte folgende Punkte enthalten:

– eine erste Stufe der Reduzierung des Personalumfangs der NVA und der Bundeswehr auf der Basis klar abgestimmter und konkreter Pläne der Rüstungskonversion (einschließlich Umschulung),

– eine Reduzierung der Wehrpflicht auf maximal 9 Monate,

– den Verzicht auf sämtliche Großmanöver und Tiefflugübungen auf bzw. über dem Gebiet beider Staaten,

– den Stopp aller Rüstungsprogramme (z. B. Jäger 90),

– die Verpflichtung, durch diese Maßnahmen freiwerdende Mittel einzusetzen für

- die Finanzierung der Rüstungskonversion,
- Maßnahmen zur sozialen Abfederung der Folgen der Währungs- und Wirtschaftsunion (insbesondere für Umschulung und Arbeitsbeschaffung),
- die Schaffung eines gemeinsamen Fonds »Abrüstung für Entwicklung« ...

Quelle: PDS-Pressedienst, Nr. 22, 7. Juni 1990.

Was gehen uns die globalen Probleme an?

Aus der Kommission Internationale Politik beim Parteivorstand

Februar 1990

Die Aufmerksamkeit der Menschen, von politischen und gesellschaftlichen Kräften der DDR ist zur Zeit ganz auf die Vorgänge in unserem Lande und auf die weitere Gestaltung des Verhältnisses zwischen den beiden deutschen Staaten gerichtet. Da diese Probleme wie nie zuvor die unmittelbaren persönlichen Belange von Millionen Bürgern berühren, hat die PDS dafür volles Verständnis.

Unsere Partei vertritt zugleich den Standpunkt, daß es – längerfristig gesehen – weder möglich noch zu verantworten ist, dabei die die gesamte Menschheit bewegenden Fragen aus dem Blickfeld geraten zu lassen. Angesichts der wachsenden gegenseitigen Abhängigkeit der Völker und Staaten können die Probleme der DDR, beider deutscher Staaten nicht losgelöst von den globalen Fragen, schon gar nicht auf Kosten der Interessen der europäischen Völker bewältigt werden. Entwicklungsmöglichkeiten und -erfordernisse in der DDR und in einem künftigen vereinigten Deutschland werden in hohem Maße davon bestimmt, wie es gelingt, auf dem Gebiet der Abrüstung voranzukommen sowie eine Wende weg von der Zerstörung der Umwelt und der wachsenden Verarmung einer großen Zahl von Entwicklungsländern herbeizuführen. Der bisherige Rüstungswahn und die Ausplünderung des Planeten haben die Menschheit an den Rand des Abgrunds gebracht.

Die PDS tritt mit allen demokratischen und realistisch denkenden Kräften des In- und Auslandes entschlossen dafür ein, diese verhängnisvolle Entwicklung zu brechen. Die Lösung der Fragen der Menschheitsentwicklung, wie gemeinsame Friedenssicherung, Überwindung von Unterentwicklung und Armut der dritten Welt, die Versorgung der Menschen mit

Energie und Rohstoffen, die Bewahrung der Ökosphäre u. a., muß rasch in Angriff genommen werden, weil sonst die Folgen nicht mehr reparabel sind.

Die weltpolitische Situation besteht darin, daß die Menschheit nur noch **gemeinsam** überleben oder **gemeinsam** untergehen kann.

– **Das angehäufte Potential an nuklearen und konventionellen Waffen stellt eine äußerst ernste Bedrohung für die gesamte Menschheit dar.** Würde auch nur ein Teil der ca. 50 000 Nuklearsprengköpfe eingesetzt, käme es zu nicht wieder gutzumachenden Zerstörungen. Im Falle eines allgemeinen Nuklearkrieges müßte mit 1 Mrd. Toten durch die Primäreinwirkung von Kernwaffen und mit ca. 1 Mrd. Verletzten gerechnet werden. Die Schwelle für die Auslösung einer klimatischen Katastrophe, eines nuklearen Winters (rapider Temperatursturz), liegt extrem niedrig. Unter bestimmten Bedingungen, vor allem beim Einsatz gegen Städte, könnten bereits 0,7 % der weltweit vorhandenen atomaren Sprengkraft ausreichen.

Auch ein konventioneller Krieg hätte angesichts der großen Zahl von Atomkraft- und Chemiewerken in Europa und deren hoher Verletzbarkeit in einem Krieg verheerende Folgen für unseren Kontinent.

Die PDS setzt sich deshalb für radikale Rüstungsreduzierung und neue Abrüstungsschritte ein. Das Jahr 1990 muß zu einem Jahr der Abrüstung werden. Die Abkommen über konventionelle Abrüstung und Truppenreduzierungen, das weltweite Verbot der Chemiewaffen und über die 50%ige Reduzierung der strategischen Kernwaffen müssen in diesem Jahr abgeschlossen werden.

Mit ihrem »Sicherheitskonzept 2000« tritt die PDS dafür ein, die tödlichen Gefahren durch Krieg, Hochrüstung und Ressourcenvergeudung zu beenden. Sie schlägt u. a. vor, daß alle Kern- und Chemiewaffen von deutschem Boden verschwinden. Mittel aus der Kürzung der Verteidigungshaushalte beider deutschen Staaten sollten einem gemeinsamen Fonds für ökologische Großvorhaben zugeführt werden.

Europa muß zur Errichtung eines globalen, entmilitarisierten und demokratischen Sicherheitssystems beitragen.

– **Die Gefahren des Zusammenbruchs der globalen, regionalen und lokalen Ökosysteme vergrößern sich ständig.** Man kann davon ausgehen, daß die Erde in etwa 50 Jahren irreparable Schäden erleidet, wenn die heutigen Tendenzen fortwirken.

Die Störung des Wärmehaushaltes in der Atmosphäre (Treibhauseffekt) führt zum Ansteigen der Temperaturen (in den letzten 100 Jahren um 2,1 Grad im Winter und 1,4 Grad im Sommer), zu Veränderungen aller Klimazonen und der Niederschlagstätigkeit.

Unvorhersehbare Folgen für Mensch, Tier und Pflanzen hat die Zunahme künstlich in die Biosphäre eingebrachter Stoffe. In Mitteleuropa sind etwa 50% der Bäume bereits geschädigt, z. T. sind sie bereits abgestorben oder werden in den nächsten Jahren absterben.

Die Wasserkreisläufe, die Weltmeere, Flüsse und Seen sowie das Grundwasser sind geschädigt und sterben. Auch in Mitteleuropa ist die Trinkwasserversorgung durch zunehmende Belastung mit Nitraten und chlorierten Kohlenwasserstoffen langfristig nicht ohne Veränderungen sicherzustellen. Von der Vernichtung bedroht sind die tropischen Regenwälder. 110 000 km^2 (etwa die Größe der DDR) werden jährlich zerstört. Bis zum Jahr 2000 werden ca. 12% der tropischen Regenwälder vernichtet sein. Bis zu diesem Zeitpunkt werden gleichzeitig 1 Mio. Pflanzen- und Tierarten ausgestorben sein. Pro Jahr werden etwa 5 bis 7 Mio. Hektar Boden zerstört und 21 Mio. Hektar schwer geschädigt und nahezu unbrauchbar.

Die PDS setzt sich deshalb für eine ökologische Sicherheitspartnerschaft in Europa ein. Die globalen Herausforderungen verlangen auf unserem Kontinent die soziale und ökologische Reorganisation der bestehenden Gesellschaftsordnungen und Wirtschaftssysteme.

Die PDS ist für umweltfreundliche Produktion, die durch ökologische Forschung, ökologische Raumordnung sowie eine unabhängige Umweltkontrolle gefördert wird. Die ökologische Krise kann nur bewältigt werden, wenn heute und global ein entscheidender Durchbruch zur gesellschaftlichen Kontrolle und bewußten ökologischen Gestaltung der Produktions- und Lebensweise aller Gesellschaftssysteme der Erde vollzogen wird.

– **In den Entwicklungsländern, in denen heute bereits der weitaus überwiegende Teil der Bevölkerung lebt, entsteht gegenwärtig die Gefahr einer globalen Katastrophe.** Diese Gefahr besteht in der virulenten Verquickung eines explosionsartigen Bevölkerungswachstums, ökonomischer Rückständigkeit, Unterentwicklung, Ausbeutung sowie sozialer und ökologischer Degeneration.

In den meisten Entwicklungsländern ist der Lebensstandard heute geringer als zu Beginn des Jahrzehnts. Jährlich verhungern 40 Mio. Menschen in diesen Ländern. Die Zahl der mit Nahrungsmitteln unterversorgten Menschen in diesen Regionen erhöhte sich von 630 Mio. im Jahre 1970 auf 730 Mio. im Jahre 1980. In diesem Jahrzehnt hat sich die Lage weiter verschlechtert. Zwischen 25% (erdölexportierende Staaten) und 91% der Bevölkerung (tropisches Afrika) sind außerstande, Grundbedürfnisse zu befriedigen. Das sind 1,6 Mrd. Menschen.

In Afrika liegt das derzeitige Bruttosozialprodukt pro Kopf der Bevölkerung, bei einem anhaltenden Bevölkerungswachstum von 3% jährlich, unter dem Niveau von 1975. Der jährliche Zuwachs der landwirtschaftlichen Produktion betrug in den vergangenen 15 Jahren in Afrika lediglich 1%.

Die Zahl der am wenigsten entwickelten Länder (LDC) stieg von 25 im Jahre 1964 auf 42 im Jahre 1990.

Aus all dem entstehen sich wechselseitig beeinflussende und verschärfende Krisenprozesse, die zu einer sozialen Katastrophe anwachsen, den Weltfrieden und die Funktionsfähigkeit der globalen ökologischen und ökonomischen Systeme in Gefahr bringen.

Die Entwicklungsländer befürchten eine weitere Verschlechterung ihrer Lage, wenn die Ost-West-Entspannung zu ihren Lasten geht und mittel- und osteuropäische Länder durch westliche Kreditgeber und internationale Finanzorganisationen künftig bevorzugt werden.

Die PDS ist deshalb gegen eine Entwicklung, die auf Kosten der dritten Welt das eigene Haus sauber und wohlhabend gestaltet. Die Überwindung des Ost-West-Konflikts muß einhergehen mit der Lösung des Nord-Süd-Konflikts. Bemühungen karitativen Charakters gegenüber den Entwicklungsländern – so anerkennenswert diese auch sind – zur Linderung von Hunger, Krankheiten, Unwissenheit und Armut reichen heute nicht mehr aus. Ein neues Herangehen an die Probleme der dritten Welt ist erforderlich.

Entwicklungspolitik in der heutigen weltpolitischen Situation muß auf die Schaffung günstiger internationaler Rahmenbedingungen für die Wirtschaft und die soziale Entwicklung abzielen, die Mobilisierung von Ressourcen für die dritte Welt und in diesen Ländern selbst in die Wege leiten sowie die politischen und ökonomischen Forderungen der Entwicklungsländer berücksichtigen.

Die existentielle Bedrohung der Menschheit durch vielfältige Gefahren in allen Regionen der Welt erfordert eine globale solidarische Gemeinschaft zwischen Ost und West sowie Nord und Süd. Ehrliches und bewußtes solidarisches Fühlen und Handeln unserer Menschen gegenüber den Völkern der dritten Welt werden sich aber nur in dem Maße entwickeln, wie es gelingt, in unserem Lande selbst solidarisch miteinander umzugehen.

Die fundamentalen Veränderungen in der Welt und in den gesellschaftlichen Lebensbedingungen zwingen die Menschheit zu einem grundlegend neuen Weltbewußtsein, zu einem neuen politisch-ökonomischen Verhalten, zu einem neuen Denken. Wir sind in eine völlig neue Epoche eingetreten, in der die Menschheitsinteressen zu einer entscheidenden Grundlage des Fortschritts werden.

Stabiler Frieden – stabile Entwicklung – menschenwürdige

Umwelt – das ist die neue Entwicklungslogik der Menschheit, für die sich die PDS mit ganzer Kraft einsetzt.

Neues politisches Denken und Herangehen an Frieden, internationale politische und ökonomische Sicherheit, an Abrüstung, an die Erhaltung der Umwelt, an die Verteidigung der Menschenrechte sind heute keine Ermessungsfrage, keine Frage des subjektiven Wollens oder Nichtwollens, sondern eine objektive Notwendigkeit.

Quelle: PDS-Pressedienst, Nr. 7, 22. Februar 1990.

Positionen der PDS zu Gläubigen, Religionen, Kirchen und Religionsgemeinschaften

Aus der Kommission Politisches System beim Parteivorstand

März 1990
(Auszug)

Als neue Partei hält es die PDS für erforderlich, ihr Verhältnis zu Gläubigen, Religionen, Kirchen und Religionsgemeinschaften zu bestimmen. Diesem Zweck gilt das vorliegende Angebot. Es ist gewachsen aus Gesprächen, aus Vertrauen, aus zahlreichen Alltagsbegegnungen, aus der Achtung vor dem verantwortungsbewußten Handeln der Gläubigen und Kirchen bei der Demokratisierung unserer Gesellschaft.

Wenn wir um das Gespräch bitten, um Vertrauen werben und gemeinsames Handeln wollen, geschieht das im Wissen um unsere Mitverantwortung an einer verfehlten Politik der SED, die tragische Schicksale, Benachteiligung, Verdächtigung und ohnmächtige Betroffenheit auslöste. Wir bekennen uns zur Mitschuld an der bisherigen Politik und bitten die Gläubigen, die Kirchen und Religionsgemeinschaften um Versöhnung.

1. Für einen neuen Umgang mit Gläubigen

Die PDS geht davon aus, daß sich gläubige Bürger durch ihre Glaubensentscheidung und ihre religiöse Ethik dem konkreten Menschen, seinen Lebensumständen und seinen gesellschaftlichen Lebensbedingungen verpflichtet wissen.

Dieser humanistische Grundsatz verbindet Mitglieder der PDS und Gläubige mehr als das, was sie unterscheidet. Die Mitglieder der PDS bemühen sich, das Handeln der Gläubigen aus ihrer Glaubensbindung zu verstehen und zu respektieren, weil wir dadurch fähig werden, unsere menschliche Gemeinsamkeit zu verstehen. Die PDS erkennt und würdigt, daß religiöse Ethik zu verantwortlicher Lebens-, Welt- und Gesellschaftsgestaltung befähigt. Sie hält die jahrtausendealten religiösen Sinnangebote für ein herausragendes Ergebnis menschlicher Geschichte und für ein unverzichtbares Merkmal einer modernen Kulturgesellschaft.

Die europäische Geschichte, der sich die PDS verpflichtet weiß, ist ohne Marx, Jesus und Moses Mendelssohn, ohne die großen Sozial- und Sozialismusutopien der vielgestaltigen Arbeiterbewegung und ohne die christlichen und jüdischen Reformer nicht zu verstehen.

Diese Verwurzelung von Kirche und Arbeiterbewegung in der Geschichte setzt auch Zukunftsvisionen und gemeinsame Hoffnungen frei. Deshalb strebt die PDS eine Beziehung zu Gläubigen an, die durch Respekt und Achtung, durch Gleichberechtigung und Gleichverpflichtung und durch demokratische Chancengleichheit gekennzeichnet ist.

Sie steht zu einer Toleranz im Umgang miteinander, die mehr ist als gönnerhaftes Geduldetsein. Die PDS möchte eine freundliche, souveräne Wettbewerbs- und Herausforderungsatmosphäre der verschiedenen Überzeugungen mit sichtbaren Ergebnissen für die Menschen. In diesem Wettbewerb der Motivationen und Grundüberzeugungen sollte es keine Gewinner oder Verlierer geben. Die PDS wendet sich damit an Gläubige, weil sie weiß, daß ihnen Liebe wichtiger ist als Haß, Hilfe und Nähe zum anderen wichtiger als Geld und Besitz, Versöhnung wichtiger als Konfrontation, Hingabe wichtiger als egoistische Selbstverwirklichung, der Schwächere wichtiger als der Erfolgreiche und Hoffnung wichtiger als Resignation.

Gläubige, die der PDS beitreten oder sie wählen, treffen keine Entscheidung gegen ihren Glauben, ihre Kirche oder religiöse Gemeinschaft. Die PDS versteht sich als politische Partei, die unterschiedliche weltanschauliche und ethische Ansätze als geistigen Reichtum betrachtet. Sie öffnet sich für die Mitgliedschaft von Gläubigen und verbindet den Einsatz um die Herausarbeitung gemeinsamer Ziele und ständiger Kooperation für ihre Mitglieder mit Toleranz und Offenheit gegenüber allen in ihren Reihen vertretenen persönlichen weltanschaulichen Überzeugungen.

Die PDS ist in ihren politischen Zielen den gesellschaftlichen, sozialen und ökonomischen Interessen aller Werktätigen, der Lohn-und Gehaltsabhängigen und der sozial Schwachen und Benachteiligten, unabhängig von ihrer Weltanschauung oder ihrer Religion, verpflichtet.

Sie geht davon aus, daß die Ziele des demokratischen Sozialismus auch vom christlichen Glauben her und aus christlicher Verantwortung heraus bejaht werden können.

Die PDS knüpft an die durch die stalinistische Deformation weitgehend verdrängten Traditionen des Zusammengehens von Arbeiterbewegung und religiösen Sozialisten, an den antifaschistischen Widerstand von Pfarrer Dietrich Bonhoeffer, Pfarrer Paul Schneider, Domprobst Bernhard Lichtenberg an. Für die PDS ist der Dialog mit Christen und Kirchen über Gerechtigkeit, Frieden und Erhaltung der natürlichen Lebensbedingungen der Menschen ebenso wertvoll und selbstverständlich wie die praktische Zusammenarbeit zur gemeinsamen Bewältigung globaler und regionaler Probleme.

Die Überlebensinteressen der Menschheit zwingen dazu, die vorhandenen großen Übereinstimmungen in den Wertvorstellungen für ein neues gesellschaftliches Denken fruchtbar zu machen. Zu solchen Wertvorstellungen zählen wir soziale Gerechtigkeit, verantwortliche Lebensgestaltung, Friedensfähigkeit und Friedensbereitschaft nach außen und innen, ökologische Verantwortung, die Schaffung einer solidarischen Gesellschaft, die Wahrung sozialer Sicherheit.

In unserer Vision eines demokratischen Sozialismus ist die Absage an jegliche Formen von Ausbeutung, Unterdrückung und Diskriminierung des Menschen und die Bewahrung seiner Würde enthalten. Tätige Solidarität mit den um ihre volle nationale und soziale Befreiung kämpfenden Völkern ist für uns ein unverzichtbarer Wert. National und global widersprechen wir dem Ausverkauf und dem Verlust menschlicher Würde unter dem Druck eines übermächtigen Kapitals.

Die von Christen im konziliaren Prozeß entwickelten Wert- und Lebensorientierungen zur Überwindung des Konsumismus, die Suche von Christen nach einem Ausweg aus dem Teufelskreis von Umweltzerstörung, aus sozialer Polarisierung zwischen Nord und Süd sowie aus der Entpersönlichung des Menschen durch ökonomische Zwänge und technologische Entwicklungen werden in unsere grundsätzliche gesellschaftliche Alternative Eingang finden. Wir wissen uns einig mit den Bemühungen der Kirchen und Religionsgemeinschaften, im Rahmen des konziliaren Prozesses das Bewußtsein der Menschen für die globalen Probleme, vor allem aber auch für die Völker der dritten Welt zu schärfen und von daher auch Wertvorstellungen für eigene Ansprüche an die Lebensgestaltung zu beziehen. Angesichts ungerechter Weltwirtschaftsordnung, unerträglicher Schuldenlasten, angesichts Verarmung und Militarisierung in den Ländern der dritten Welt wissen wir ebenso wie Gläubige, welche Hoffnungen diese Völker in eine nichtkapitalistische Alternative setzen. Wir müssen gemeinsam alles dafür tun, daß sie diese Hoffnung nicht verlieren.

Die PDS sieht in den Ergebnissen des konziliaren Prozesses, im Streben nach Frieden, Gerechtigkeit und ökologischer Verantwortung, in der Fähigkeit zu Konfliktlösungen und in basisdemokratischen Entscheidungsprozessen sowie im Pazifismus wichtige Impulse für die eigene Identität und für die einer europäischen Linken.

Aus der Aufgabe, den Weg zur deutschen Einheit so zu gehen, daß der von Christen und Kirchen unterstützte Bau des gemeinsamen Hauses Europa zu einer versöhnten Gemeinschaft aller Völker und Nationen des Kontinents führt, die ihren Beitrag zur Sicherung des Weltfriedens und zum Gemeinwohl der Menschheit verstärken kann, erwachsen weitere wichtige Felder des Dialogs und der Zusammenarbeit.

AutorInnen

Adler, Helga; Dr., geb. 1943, Historikerin, Mitglied des Präsidiums des Parteivorstandes der PDS

Börner, Rainer; geb. 1956, Diplomwirtschaftler, Mitglied des Präsidiums des Parteivorstandes der PDS

Brie, André; Dr. sc., geb. 1950, Hochschuldozent am Institut für interdisziplinäre Zivilisationsforschung. Humboldt-Universität zu Berlin, Stellvertretender Vorsitzender der PDS

Brie, Michael; Dr. sc., geb. 1954, Stellv. Direktor des Instituts für interdisziplinäre Zivilisationsforschung, Humboldt-Universität zu Berlin

Deneke, Marlies; geb. 1953, Ökonomin, Stellvertretende Vorsitzende der PDS

Gysi, Gregor; Dr., geb. 1948, Rechtsanwalt, Vorsitzender der PDS

Hegewald, Helmar; Prof. Dr. sc., geb. 1941, Philosoph, Hochschullehrer an der TU Dresden, Mitglied des Präsidiums des Parteivorstandes der PDS

Höpcke, Klaus; geb. 1933, Journalist, Mitglied des Präsidiums des Parteivorstandes der PDS

Klein, Dieter; Prof. Dr. sc. geb. 1928, Direktor des Instituts für interdisziplinäre Zivilisationsforschung. Humboldt-Universität zu Berlin

Modrow, Hans; Dr., geb. 1928, Maschinenschlosser, Ehrenvorsitzender der PDS

Steinitz, Klaus; Prof. Dr. habil., geb. 1932, Wirtschaftswissenschaftler, Mitglied des Präsidiums des Parteivorstandes der PDS

Wagner, Alexandra; Dr., geb. 1959, Politikwissenschaftlerin, Leiterin des Zentrums für Politische Bildung und Kommunikation

Willerding, Hans-Joachim; Dr., geb. 1952, Staatswissenschaftler, Mitglied des Präsidiums des Parteivorstandes der PDS